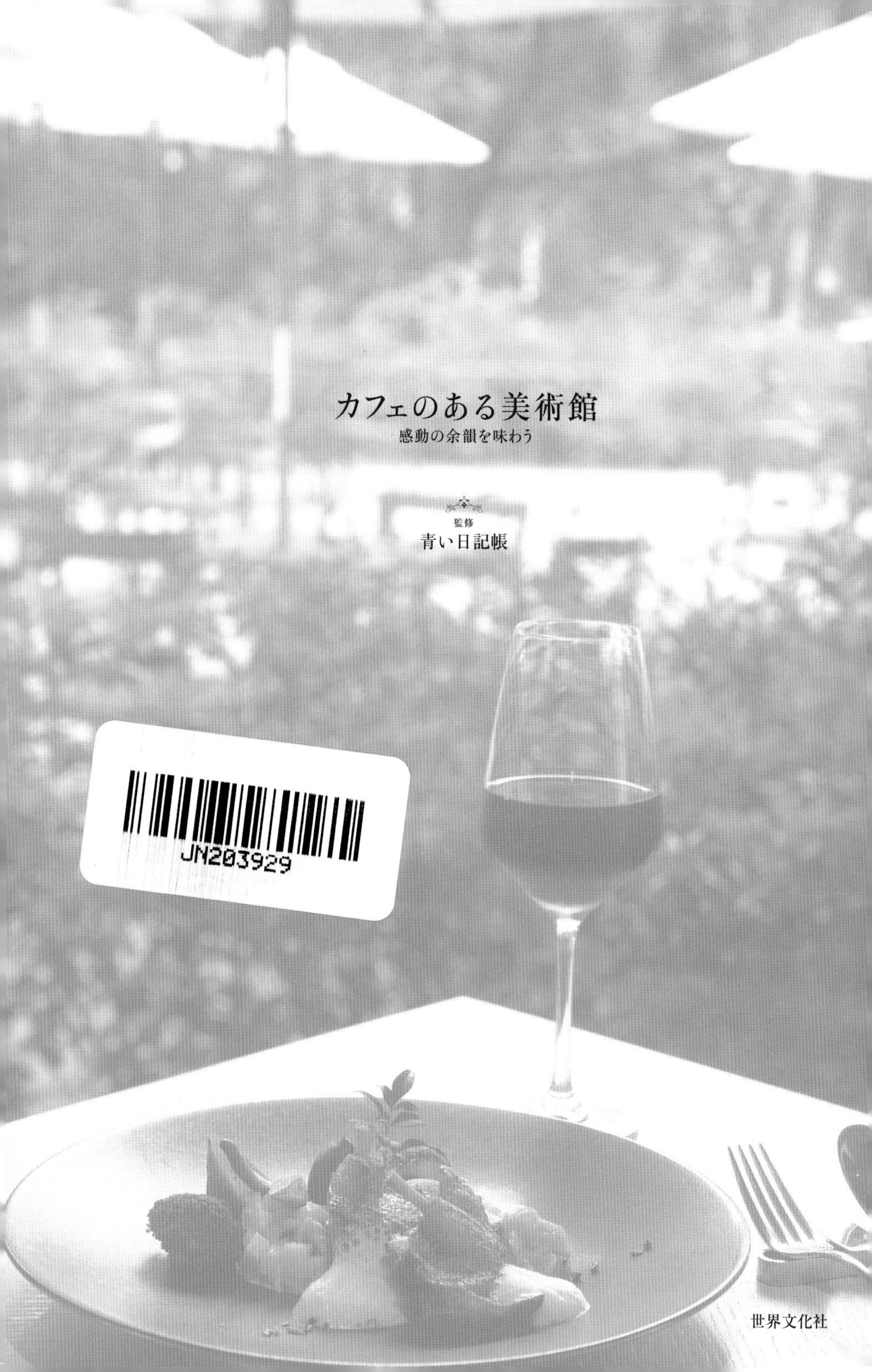

カフェのある美術館

感動の余韻を味わう

監修
青い日記帳

世界文化社

はじめに

美術館に併設されたカフェやレストランを紹介した前著『素敵な時間を楽しむ　カフェのある美術館』のこのページに、みなさんのおすすめミュージアム・カフェをハッシュタグ「＃カフェのある美術館」をつけＳＮＳで教えてくださいと記したところ、インスタグラムなどに多くの投稿が集まりました。中には私も行ったことのない館も多く、それに導かれるように旅をし、アートとともに洒落たカフェを味わってきました。

さて、人の記憶はとても曖昧なもので、せっかく展覧会に出かけても何を鑑賞したのか一年も経たぬうちに忘れてしまうことがしばしばあります。でも、不思議とカフェに訪れた展覧会の記憶はいつまでも残っているものです。カフェでのんびりとくつろぎながら、展示室で目にし感動した作品を思い返してみる。それだけで深く記憶にすり込まれるものです。たとえ疲れをとるために立ち寄ったとしても、アート作品が展示されている同じ建物の中で味覚を喜ばせることで、その日に鑑賞したものの記憶が自然と記憶に定着させられるのです。

ひと昔前のような、おまけ的な存在ではなく、今では立派な美術館・

博物館をつくり上げるひとつの大事な要素となった美術館カフェ。空間自体が個性豊かなものから、街中のレストランよりもおいしい料理が食べられると評判のものまで、その姿は絵画と同じく色とりどりです。

本書では、前回、改装中でやむなく取り上げることが叶わなかったカフェや地方の「隠れた名店」として愛されるレストランなど、幅広く4章展開で紹介しています。プロのカメラマンに撮影してもらった撮り下ろしの写真もふんだんに使って、その美術館の見どころも余すところなく伝えられるように心がけました。持ち運びにも適したサイズなので、「御朱印帳」のようにいつも鞄の中にこの本を忍ばせ、美術館巡りに役立てていただければうれしく思います。

最後に「#カフェのある美術館」も引き続きＳＮＳで積極的に紹介してください。ウェブ上で常に更新される「続編」として、みなさんとともに楽しんでいければ幸いです。

アートブログ　青い日記帳

CONTENTS

第2章　アートビレッジで満喫する美術館カフェ・レストラン

第3章　本格的な料理が味わえる美術館カフェ・レストラン

第4章　独特な空間が楽しい美術館カフェ・レストラン

※本書に掲載する情報は、2018年11月時点のものです。情報は変更されることがありますので、
お出かけの際は各美術館のホームページ等をご確認ください。

また、本書で紹介する料理などの価格は税込みで表示しています（一部、税別のものは、その旨を記載しています）。

なお、本書に掲載する各美術館のコレクションは常設ではないものもありますので、詳細は各館にお問い合わせください。

この本の見方

本書は、おすすめの美術館カフェ・レストラン、美術館の建築、庭園やミュージアムショップ、コレクションなどの情報を、各館2見開きから5見開きで紹介しています。

カフェ・レストランの内観や外観、おすすめメニューなどを写真で紹介。

最初の見開きでは、まずカフェ・レストランの特徴をひと言キャッチで解説。

カフェ・レストランの住所や電話番号、営業時間、休業日などのデータ。美術館の入館料を払わなくとも利用できる店舗には、「カフェ・レストランのみの利用可」の旨を記載。

次に、美術館の建築の特徴に加え、庭園やミュージアムショップなどを写真で紹介。

最後に、美術館のコレクションや展示風景などを写真で紹介。

美術館の住所や電話番号、営業時間、休館日、入館料などのデータ。最寄りの駅や目印になる施設を入れたマップも掲載。

第１章

水辺でくつろぐ
美術館カフェ・レストラン

Tenshin Memorial Museum of Art, Ibaraki

茨城県天心記念五浦美術館

茨城県北茨城市大津町

日本の近代美術・伝統美術の発展に大きな功績を残し、その素晴らしさを世界に伝えることに力を注いだ岡倉天心が晩年を過ごした北茨城市・五浦。太平洋を見おろす崖の上に「茨城県天心記念五浦《いづら》美術館」が佇む。

美術館館内の特等席ともいえる場所にあるのが、オーシャンビューの「カフェテリア カメリア」。ここでは窓外に広がる太平洋を眺めながら、食事やコーヒータイムをゆっくり楽しめる。屋内席から

すべての席から海を見られるのがうれしい。ミュージアムショップで購入した図録を見ながらカフェタイム を楽しみたい。

café

Cafeteria Camellia

カフェテリア カメリア

旬のフルーツがたっぷりのった大人気のフルーツパフェ「五浦岬公園」950円。ボリュームたっぷりだが意外とペロリと食べられる。

開花時期にはテラス席から椿を見られる。写真は、「旬の野菜 具沢山ハンバーグ〜香味野菜ソース〜」1,382円、「うにといくらの贅沢パスタ」1,404円など（ともに期間限定メニュー）。

景勝地の美術館にある
オーシャンビューのカフェ

も海を見ることができるが、天気のいい日には屋外のテラス席もおすすめ。天心がここを安住の地として選んだことが納得できる雄大な光景が広がっている。

カフェで食べられるのは、ひたちなか市でパスタ専門店をプロデュースする店が手がけるスパゲッティやハンバーグ、ピッツアのほか、パフェやあんみつなどのデザート。こぢんまりとしたカフェテリアながらメニューも豊富なので、鑑賞途中や展覧会を見終えたあと、ゆっくりと過ごしたい。

Cafeteria Camellia カフェテリア カメリア

茨城県北茨城市大津町椿2083
（茨城県天心記念五浦美術館内）
☎0293−46−7811（カフェ直通）
営業時間 9:30〜17:00
（ラストオーダー食事16:15、ドリンク16:40）
休業日 月曜日（祝日の場合は翌日休業）、年末年始
★カフェのみの利用可

美術館の中庭にある「月魂の池」。晴れた日には水面に真っ青な空が映り込む。時間を忘れて見入ってしまう。

日本近代美術の礎を築いた
天心が愛した景勝地・五浦

museum

Tenshin Memorial
Museum of Art, Ibaraki

大きなガラス張りの展望スペースからも太平洋を一望できる。ガラス窓の衝突防止マークが岡倉天心の横顔となっているのもおもしろい。

美術館を設計した内藤廣は「時間とともに風景に溶け込むような建物」をめざした。柱がほとんどない内部も美しい。

天心は明治36年（１９０３）、太平洋に面した茨城県の五浦に土地を購入し、移住した。東京美術学校（現東京藝術大学）の校長の職を辞し、その後創設した日本美術の研究機関をめざした日本美術院も財政難と内紛が絶えなく、行き詰まっていた。東京・谷中にあった日本美術院の研究所を五浦に移動させたときには、口さがない記者に「都落ち」と言われたとも。

断崖絶壁に打ち寄せる波、突き出た岩礁、入り組んだ大小の入り江など、変化に満ちたダイナミックな景観が続く五浦。天心が心身を癒し、心を奪われた百余年前と変わらない光景は今も見られる。

天心晩年の住処としたこの地に建てられた茨城県天心記念五浦美術館は、海を一望できる高台にある。景勝を損ねることなく、風景や空に溶け込むように建てられた。館内の展望スペースからも天心が愛した海を眺められる。展示品を鑑賞したあと、なぜここ五浦を天心が選んだのか、その心情に思いを馳せてみたい。

横山大観ら五浦の画家たちの作品展示や近現代の日本画中心の企画展も

天心は、五浦に土地を購入した翌年の明治37年から、50歳で亡くなる大正2年までの8年間、アメリカのボストン美術館の中国・日本美術部のアドバイザーに請われ、一年の半分をアメリカで過ごしていた。語学力の高さと知識の豊富さを生かし、中国の彫刻や絵画など多くの東洋美術を収集し、膨大なコレクションの分類整理や目録作成に尽力した。47歳で美術部長に就任した後も、美術館の有力者、ボストン社交界の文化人や大富豪ら豊富な人脈を通じ、日本と東洋の美術の素晴らしさを広く欧米に伝えた。

また、天心は愛弟子の横山大観《よこやまたいかん》、下村《しもむら》観山《かんざん》、菱田《ひしだ》春草《しゅんそう》、木村《きむら》武山《ぶざん》らを五浦に呼び寄せた。家族とともに移り住んだ彼らは、天心の指導のもと日本画の研鑽に励む。ここで制作された絵画は日本美術史に残る名作となり、彼らは後に日本の近代絵画の大家となった。館内の岡倉天心記念室では天心の書簡や遺品などが展示され、近代日本美術の発展に貢献した彼の生涯を紹介している。

右／岡倉天心記念室では、書簡や遺品などで天心の業績を紹介するほか、収蔵資料によって「テーマ展示」も行う。

左上／岡倉天心記念室では、大観、観山、春草、武山らの作品を約2か月に1回展示替えしながら紹介している。

左下／五浦に移り住んだ横山大観、下村観山、菱田春草、木村武山。当時は観山、武山目当ての画商が五浦を訪れることもあった。

museum

Tenshin Memorial
Museum of Art, Ibaraki

右上／ヨットのように船底を安定させるセンターボードを取りつけて帆をかけ、和舟に応用した和洋折衷の舟（複製）。考案した天心はこれに乗って海釣りを楽しんだ。

右下／天心が好んだという風呂敷は今でも違和感なく使えるモダンな柄。同じ柄を使った風呂敷がミュージアムショップで購入できる。

上／岡倉天心記念室の一角にある天心の書斎（復元）。ここに座し、多くの書簡を書き、多くのことを考え、研究に励んだのであろう。

右／『The Book of Tea（茶の本）』初版本。天心が英語で書いた著作で、日本と東洋の美意識を西欧に向けて説いた。

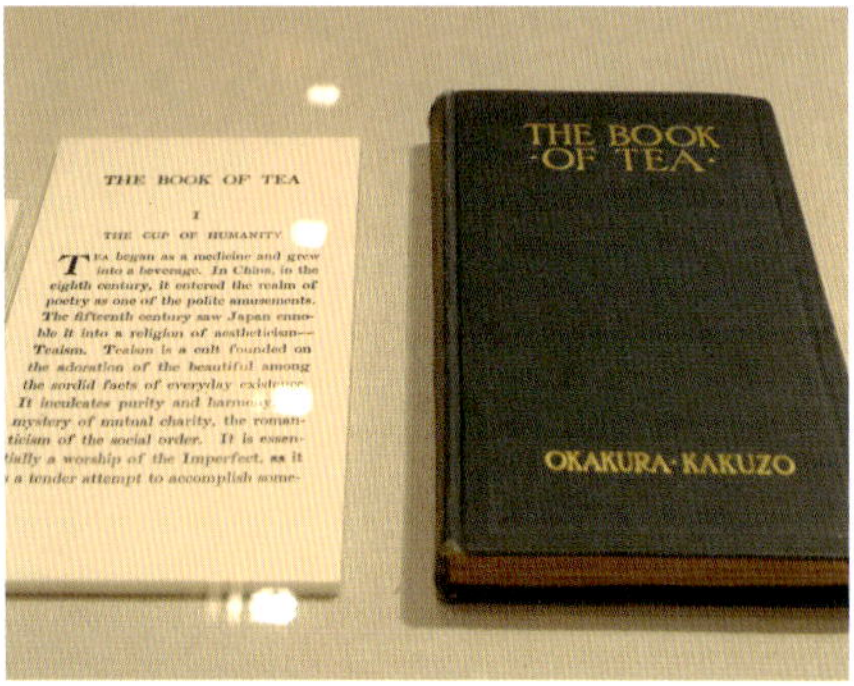

明治31年（1898）日本美術院創立当時の35歳頃の天心。天心を追って東京美術学校を辞職した、日本画家の橋本雅邦《がほう》、大観、菱草ら26名とともに、絵画・彫刻・漆工などの部に分け、東京谷中に日本美術院が創立された。

museum

Tenshin Memorial
Museum of Art, Ibaraki

茨城県天心記念五浦美術館

茨城県北茨城市大津町椿2083　☎ 0293-46-5311

http://www.tenshin.museum.ibk.ed.jp/

営業時間　9:30～17:00（入館は閉館30分前まで）

休館日　月曜日（祝日の場合は翌日休館）、年末年始

料金　岡倉天心記念室　一般190円、満70歳以上90円、高・大学生110円、小・中学生80円

企画展は企画展ごとに料金設定

荒波が打ち寄せる五浦は 日本の近代美術の聖地

数寄屋風の純和風住宅の天心邸は、この地にあった料亭「観浦楼」の古材で建てられた。敷地内の天心記念館には、平櫛田中《ひらくしでんちゅう》の《五浦釣人》《岡倉天心先生像》などが展示されている。

太平洋と一体となったような六角堂。外からのぞくと窓いっぱいに海が広がる様子を見られる。

美術館近くの五浦海岸は、その波音が「日本の音風景１００選」にも選ばれた景勝地。美術館から片道30分ほどで天心ゆかりの地を歩いて巡ることができる。

太平洋に張り出した岩盤の上にあるのは、天心が思索と読書にふけった場所とされる「六角堂」。ベンガラの朱塗りの外壁、屋根の如意宝来は仏堂の装い、床の間と炉を切った内部は茶室の特徴を有する。天心自身が設計し、「観瀾亭」と名づけられた。日本文化論として今も読み継がれる天心の英文著作『茶の本』の構想もここで練られた。対岸の五浦岬公園からは五浦海岸や六角堂を一望できる。

六角堂の手前には、天心が晩年住んだ「天心邸」が建つ。建築当初は百坪を超える広さがあり、母屋、離れ、長屋門などがあった。当時は汽車で東京から6、7時間もかかる人里離れた場所であったが、明治39年に天心邸で催された仲秋観月の大園遊会には東京や水戸から大勢の招待客が来て、模擬店も出店されるなどして大いににぎわったという。

天心邸・六角堂 （茨城大学五浦美術文化研究所）

茨城県北茨城市大津町五浦727-2
☎ 0293-46-0766
営業時間 8:30〜17:30　※季節によって異なる（入場は終了30分前まで）
休業日 月曜日（祝日の場合は翌日休業）、年末年始
料金 一般300円、中学生以下は無料

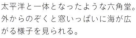

Shimane Art Museum

島根県立美術館

島根県松江市袖師町

宍道湖の美しい風景と新鮮な食材を使ったイタリアン

深い色合いの緑、赤、白のイタリアンカラーがシックな店内。店名の「ヴェッキオロッソ（Vecchio Rosso）」はイタリア語で「熟成された赤」の意。人類が生まれるはるか昔から、毎日現れては消える宍道湖の夕陽を表しているという。

restaurant

Ristorante Vecchio Rosso

リストランテ　ヴェッキオロッソ

目の前に広がる宍道湖。ランチは陽光に輝く湖を、ディナーは「日本の夕陽百選」に選ばれた夕景や湖面に映る灯を鑑賞しながら、イタリア料理とワインを楽しむ――。そんな時間を過ごすことができるのがこのレストランだ。

料理は地元食材をふんだんに使ったもの。ランチは主菜を選べる「おすすめランチ」や「パスタランチ」のほか、少量ずついろいろな料理を楽しめる「プチコース」、「フルコース（要予約）」と幅広いメニューを用意している。

ディナーはパスタ、主菜、ワインに合うおつまみなどのアラカルトメニューで気軽に楽しむのもよいし、コースメ

大きな窓ガラスで外の風景と一体化しているような雰囲気。太陽が少しずつ傾き、周囲が紫色に染まる中、旬の地元食材をたっぷりと使ったイタリア料理を、気の置けない人と味わう時間は最高のものになるだろう。

ニュー（要予約）を堪能するのもよいだろう。「とりわけコース」（3人からで要予約）でにぎやかに食事するのも楽しい。

シェフ一押しのワインやビールなど、種類豊富なアルコールは終日注文できる。また、こだわりのコーヒーも用意。フェアトレードで仕入れたというJAS認定有機コーヒー豆を毎朝焙煎している。

Ristorante Vecchio Rosso

リストランテ　ヴェッキオロッソ

島根県松江市袖師町1−5（島根県立美術館内）

☎0852−31−2252（レストラン直通）

営業時間

ランチオーダー時間　11:30〜16:30

（セットメニューは14:30まで。要予約）

ディナーオーダー時間　10月〜3月/17:00〜18:30

4月〜9月/17:00〜19:30

休業日 火曜日、年末年始（12月28日〜1月1日）美術館休館日に準ずる

★レストランのみの利用可

「日本の夕陽百選」にも選ばれている宍道湖の夕陽。美術館のチタン製の屋根が夕陽を柔らかく反射している。3月から9月の閉館時間は日没後30分と定められており、美術館にとっていかに夕陽が大切な存在かがうかがえる。

美しい湖と夕陽、水を画題とする絵画を堪能できる美術館

神話の舞台、古代出雲があり、古くから文化の栄えた島根県。松江市と出雲市にまたがる宍道湖は、豊かな漁場としてだけでなく、小泉八雲や田山花袋など、文人墨客に愛された夕陽の景勝地としても有名だ。島根県立美術館は、そんな宍道湖の湖畔に1999年に開館した。

菊竹清訓設計の建物は、対岸から見たときに、背後の山並みを遮らないよう低い2階建てとなっており、屋根はなだらかな曲線を描き、環境と調和した柔らかなイメージで統一されている。

所蔵作品は、桃山時代の《柳橋水車図》や、モネの《アヴァルの門》など、国内外の「水を画題とする絵画」を主な収集のテーマとする。陶芸家・河井寛次郎や版画家・平塚運一など島根県出身作家の作品や、葛飾北斎《富嶽三十六景》、歌川広重《東海道五拾三次》《名所江戸百景》などの浮世絵も豊富である。これらを展示するコレクション展だけでなく、年5、6回ほど開催される企画展も人気を集めている。

宍道湖に面した全面ガラス張りのエントランスロビーからも、ベンチに座って夕陽を鑑賞できる。存在感を放つ大きな彫刻は、フランスの彫刻家アントワーヌ・ブールデルのギリシャ神話を主題にした《ペネロープ》だ。

S字を描く大屋根が特徴的な外観。周囲の景色になじむこの形は、水面と大地をつなぐ「なぎさ」をイメージしたものだという。屋根にあいた円形の穴は展望テラスになっている。周りに遮るものがないため、2階だが景色は抜群によい。

「せんとくん」のデザインでも著名な彫刻家籔内佐斗司による《宍道湖うさぎ》。12羽のうさぎが駆け回り、宍道湖を眺めているかわいらしい作品だ。宍道湖側から数えて2番めのうさぎに触ると幸せが訪れるという噂も囁かれている。

museum

Shimane Art Museum

島根県立美術館

島根県松江市袖師町1−5　☎0852−55−4700

http://www.shimane-art-museum.jp/

営業時間 10月〜2月/10:00〜18:30(展示室への入場は18:00まで)、3月〜9月/10:00〜日没後30分(展示室への入場は日没時刻まで)

休館日 火曜日、年末年始(12月28日〜1月1日。ただし企画展の開催日程等にあわせて休館日を変更する場合あり)

料金 **コレクション展**　一般300円、大学生200円、高校生以下無料

企画展 一般1,000円、大学生600円、小中高生300円

ガラスに囲まれた、明るく開放的なスペースにあるカフェ。テーブル席のほかにバーカウンター席もあり、その日の気分で席を選べる。美術鑑賞の合間に、ゆったりとした時間を過ごせるカフェだ。

Nagasaki Prefectural Art Museum

長崎県美術館

長崎県長崎市出島町

長崎県美術館の美術館棟とギャラリー棟を結ぶ運河上の橋に、ガラスに囲まれた「橋の回廊」がある。長崎の風景や運河を望める絶好の立地のこの場所に、カフェが設けられている。日中はきらめく運河を眺めながら、日が落ちればライトアップされた美術館と夕景を見ながら、ゆったりとした時間を過ごせる場所だ。

この店の自慢は食材にこだわったスイーツ。スペイン産チョコレートを使い、しっとりと焼きあげた「蒸し焼きショコラ」や、青森産のリンゴのコンポートが入った「クランブル・チーズケーキ」など、どれを選ぶか悩むこと間違いなし。生産から焙煎まで、すべての段階で品質管理が徹底されたスペシャリティコーヒーもぜひオーダーしたい。期間によってコーヒー豆が変わるので、訪れるたびに違う味わいを楽しめる。

夜景を見ながらお酒を楽しみたいときは、スペインビールやワインなどがおすすめ。ホットサンドやオードブルなどの軽食も用意されている。

café

長崎県美術館カフェ

ガラス張りの回廊から運河を眺めながらスイーツを

上／昼はさんさんと陽光が差し込み、運河のきらめきを眺めることができる。夜は表情ががらりと変わり、大人の雰囲気に。美しくライトアップされた美術館や夜景を見ながら、お酒を楽しむのもよいだろう。

左／サラダ、ドリンクがセットになった「ホットサンドセット」（1,000円）は、昼食はもちろん、お酒のお供にもよい。「長崎県産ハムとアボカドのホットサンド」か「ツナとタマゴのホットサンド」を選べる（ホットサンド単品は700円）。

美術館のカフェで心地よい時間を過ごしてほしいという思いから生まれた、長崎県美術館のオリジナル食器「Cero（セロ）」。長崎県の代表的な磁器の産地、波佐見町の職人が製作している。水のイメージを控えめながら感じ取れる“そこはかとなく青い”白が特徴。

三方をガラスのカーテンウォールで囲まれた、エントランスロビーにあるミュージアムショップ。日本ではここでしか買えないスペイン国立プラド美術館のミュージアムグッズや、長崎県美術館にしかないアイテムも多数取り揃えている。

長崎県美術館カフェ

長崎県長崎市出島町2番1号（長崎県美術館内）
☎095-833-2110
営業時間　11:00〜19:00
（ラストオーダー　フードは17:00、飲み物は18:30）
※季節により変動あり
休業日　第2・第4月曜日（祝日の場合は翌日休業）、美術館休館日に準ずる
★カフェのみの利用可

ギャラリー棟と美術館棟とを結ぶ運河上の橋の回廊。
ライトアップされた夜も美しい姿を見せる。

運河に架かる空中回廊が
展示室のある別棟へと来館者をいざなう

長崎港を望む「長崎水辺の森公園」に隣接する、建築家・隈研吾が手がけたスタイリッシュな外観を誇る美術館。野外彫刻作品が設置されている屋上庭園からは、かつてオランダや中国との交易で栄え、現在では五島列島や軍艦島などへ向かう船の出入りが盛んな長崎港を一望することができる。自然光が差し込む高さ約12mの吹き抜けとなっている広々としたエントランスロビーはそこが美術館であることを一瞬忘れさせるほど開放感に満ちている。

長崎県美術館の大きな特徴のひとつとして二つの建物の間を運河で隔てている点が挙げられる。チケットブースのある1階エントランス（ギャラリー棟）から2階へ上がると、「橋の回廊」と呼ばれる幅約9m、長さ約30mにおよぶ運河上に架かる空中回廊が展示室のある別棟（美術館棟）へとつながる。

開かれた空間から閉じた空間への橋渡しを担うこの「橋の回廊」はとても大きな存在となっている。

ミュージアムショップでは、スペイン国立プラド美術館のオリジナルアイテムや美術館オリジナルグッズを購入できる。

museum

Nagasaki Prefectural Art Museum

心地よい芝生とベンチのある屋上庭園。稲佐山や女神大橋、長崎港などを一望できる。

「呼吸する美術館」のコンセプト通り、長崎水辺の森公園と一体となったガラス張りの開放感たっぷりの美術館だ。

国内有数の
コレクションを誇る
ゴヤ、ピカソなどの
スペイン美術作品

広さ約1,100㎡を超える常設展示室は、3.5～5mと天井高もゆったり。5室に分かれており、コレクションを随時鑑賞できる。

美術館の貴重なコレクションの礎となっているのは、日本の外交官・須磨彌吉郎が収集した作品。須磨は1941～46年にスペイン特命全権公使としてマドリードに赴任した。第二次世界大戦と重なるこの間、美術愛好家でもあった須磨は1760点にも及ぶスペイン美術を中心とする作品を収集。現在、この内500点を長崎県美術館が所蔵している。中世のキリスト教美術からピカソ、ダリなど近現代までのスペイン美術のコレクションはアジアでも有数の規模を誇る。

また、荒木十畝といった長崎ゆかりの作家の作品も収蔵しており、コレクション展だけでもかなり見応えのある作品を擁している。約7千点あるコレクションから年数回の展示替えを行っており、常設展示室で随時鑑賞できるのがうれしい。

展示室以外のスペースの出入りは無料で、市民や観光客が気軽に立ち寄れる開かれた美術館という点も特徴。公立美術館としては珍しく20時まで開館している。

フランシスコ・デ・ゴヤ《理性の眠りは怪物を生む》『ロス・カプリチョス』43番　1799年　長崎県美術館蔵
ゴヤは、スペイン王室の宮廷画家でありながら、病で聴覚を失った後、社会風刺の効いた寓意に満ちた版画集『ロス・カプリチョス』を出版した。

museum

Nagasaki Prefectural Art Museum

上／フアン・カレーニョ・デ・ミランダ《聖アンナ、聖ヨアキム、洗礼者聖ヨハネのいる聖母子》1646-55 年頃　長崎県美術館蔵
17 世紀にマドリードで活躍した画家フアン・カレーニョ・デ・ミランダ。1671 年に宮廷画家となり、肖像画・宗教画を多く制作した。

右／栗原玉葉《尼僧（童貞）》大正期　長崎県美術館蔵
現・雲仙市出身の栗原は、大正 9 年に東京の女性画家の団体「月耀会」創立に参加し、女性画家の地位確立に努めたが 40 歳で早世する。

長崎県美術館

長崎県長崎市出島町2番1号　☎095-833-2110
http://www.nagasaki-museum.jp/
営業時間　10:00～20:00（展示室への入場は閉館30分前まで）
休館日　第2・第4月曜日（祝日の場合は翌日休館）、年末年始
料金　コレクション展　一般400円、大学生300円、小・中・高生200円、シニア（70歳以上）300円　企画展は企画展ごとに料金設定

落ち着いた色で周囲の景観になじんだ美術館。池には、白鳥やガチョウの憩う姿が見られる。周辺には木々や芝生が広がり、気持ちのよい場所だ。

“美しい眺め”の中で滋味あふれる料理を楽しむ

Kawamura Memorial DIC Museum of Art

DIC川村記念美術館

千葉県佐倉市坂戸

店名の「ベルヴェデーレ」とは、イタリア語で「美しい眺め」のこと。DIC川村記念美術館の自然散策路は、四季折々の表情を見せる花や緑が豊か。美術館前に広がる池には、季節によって野鳥が姿を見せることも。店名の通り、美しい眺めが窓の外に広がっており、訪れる人の目を楽しませる。

料理は千葉県産の食材を積極的に取り入れた「千産千消（地産地消）」のイタリアン。地元で大切に育てられた豚や鶏、

restaurant

レストラン ベルヴェデーレ

窓の外に広がる池や空、木々の緑が心地よい空間。眺めだけでなく、もちろん料理も上質だ。健康と安全にこだわり、千葉県産の食材を積極的に取り入れたイタリア料理は、この店でしか味わえない。

カフェタイム（10：00～11：00、14：30～16：30）には、旬の素材を使ったデザートを楽しめる。「季節のデザート」は650円～。季節ごとに変わるので、これを目当てに何度も訪れたくなる。

ランチタイムに訪れたら、「ランチコース」（3,200円）をオーダーしたい。冷前菜盛り合わせ、温前菜またはスープ、パスタ料理、メインディッシュ、デザート盛り合わせ、ドリンクと、この店の味をたっぷり味わえる内容だ。

地元の海で獲れた魚介類に加え、期間限定でシカやイノシシなどのジビエも楽しめる。滋味豊かで新鮮な食材を、東京・神楽坂の隠れ家的レストラン「リストランテ・アルベラータ」で修業した和田拓巳シェフが調理。手軽な「パスタセット」から「シェフのおまかせコース」まで、さまざまな形で供される。

4～8名で利用できる個室もあるので、特別な日の食事会などにおすすめ。また、通常営業は17時までだが、17時30分～20時は貸し切りの予約が可能だ。

レストラン ベルヴェデーレ

千葉県佐倉市坂戸631番地
（DIC川村記念美術館 庭園内）
☎043-498-0848（レストラン直通）
営業時間 10:00～17:00（ラストオーダー16:30）
ランチ11:00～14:30
休業日 月曜日（祝日の場合は翌日休業）
美術館休館日に準ずる
★レストランのみの利用可

美術作品を引き立てる、鑑賞に最適な11の展示室

アメリカの抽象表現主義の第２世代を代表する作家、サイ・トゥオンブリーの作品を展示する「トゥオンブリー・ルーム」。トゥオンブリーの絵画と彫刻を一点ずつ並べている。特に彫刻作品は絵画作品に比べて数が少なく、貴重である。

館内の展示室は、渡り廊下で結ばれており、各所に窓が設けられている。このスペースで緑を眺めながらひと休みして、次の展示室へと向かいたい。

museum

Kawamura Memorial
DIC Museum of Art

DIC川村記念美術館は、化学メーカーのDIC株式会社が関連会社とともに収集した美術品を公開するため、1990年に開館した。コレクション・建築・自然の三拍子が揃っており、都心からは少し離れているが多くのリピーターが訪れる。収蔵品は、ジャクソン・ポロックやフランク・ステラなど20世紀のアメリカ美術を筆頭に、モネ、シャガールなどの印象派やエコール・ド・パリの画家、17世紀のレンブラントなど良質な欧米の美術で構成される。

美術館には、作品にふさわしい空間をめざして設計された11の展示室がある。たとえば印象派の展示室は、床を絨毯敷き、天井をアーチ型にし、印象派の時代がそうであったように絵画を居間で鑑賞しているかのように演出。ほかにも、20世紀の大型作品は自然光の入る広々とした展示室、シュールレアリスムやダダは作品の内実に迫るために低めの天井にグレーの壁面など、部屋ごとに雰囲気や設えを変えている。

アリスティード・マイヨールの《ヴィーナス》が美の世界へと誘うエントランスホール。正門から緑豊かな小道を抜け、開放的な気分になった来館者が、作品鑑賞のために心を落ち着けられるよう、外光を抑える工夫がされている。

木の生い茂る自然散策路を歩けば、どこか遠くの森に来たかのような心地になれる。四季折々の植物はもちろん、野鳥や昆虫も多く生息しているので、耳を澄まし、目を凝らしながら歩きたい。

広大な庭園でひと息入れたいときに便利なテラス。開放的なウッドデッキのほか、テーブルと椅子を完備したガラス張りの室内休憩スペースもある。芝生の広場が一望でき、春になると満開の桜も鑑賞できる。

広大な敷地の自然散策路で四季折々の木々や草花を愛でる

展示室の奥にある茶席で、鑑賞の合間に抹茶と和菓子をいただくのもよい。エントランスホールの天井装飾をイメージしたオリジナル和菓子「光の花」は、金沢の老舗の和菓子店・村上製菓所によるもの。椅子席なので気軽に立ち寄りたい。

museum

Kawamura Memorial DIC Museum of Art

展示室の中には、一人の作家のために捧げられた部屋もある。アメリカの抽象表現主義の画家・マーク・ロスコの「シーグラム壁画」を鑑賞するための「ロスコ・ルーム」だ。

25mの渡り廊下を抜けると、作品に合わせて設計された変形七角形の部屋があり、鑑賞者はそこで、赤く染められた大きな画面に取り囲まれる。ロスコは自分の作品の展示方法に強いこだわりを持っていた。「自分の作品だけで一室を満たす」というロスコの望みが反映されており、このような環境で鑑賞できる空間は世界的にも珍しい。

美術鑑賞に満足したら、同館のもうひとつの魅力である庭の散策に出かけよう。DIC総合研究所と合わせて、約9万坪の広大な敷地では四季折々の変化が身近に楽しめる。ゆっくり歩きながら、桜、木蓮、藤、睡蓮、大賀蓮、山百合、片栗、雪割草など、季節ごとの草木や花を愛でたい。

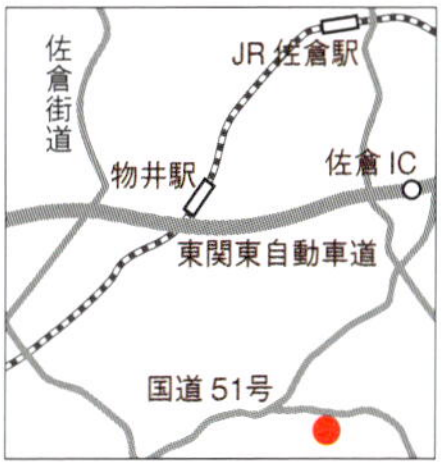

DIC川村記念美術館

千葉県佐倉市坂戸631番地　☎050-5541-8600（ハローダイヤル）

http://kawamura-museum.dic.co.jp/

営業時間 9:30〜17:00（入館は閉館30分前まで）

休館日 月曜日（祝日の場合は翌日休館）、年末年始、展示替え期間

料金 展示内容により異なる

こぢんまりとしたティールームなので、ほぼすべての席から諏訪湖を眺められるのがいい。カフェのみの入店もできる。

Harmo Museum

ハーモ美術館

長野県諏訪郡下諏訪町

ハーモ美術館の「ル・カフェ・ダルモーニー」は諏訪湖の美しい景観を一望できるティールーム。なめらかな円を描く窓から、春の桜、夏の新緑、秋の紅葉、凍結することもある冬の湖面と、諏訪湖の大自然を静かに眺めることができる。

紅茶やコーヒーが供されるのは鮮やかなタイのベンジャロン焼きのカップ&ソーサー。アユタヤ王朝の17世紀前後から始まったとされるベンジャロン焼きはタイ王室におさめられていたというほど

湖畔の木々は9月下旬から色づき始め、10月には赤や黄色に染まる。アート鑑賞後にのんびり湖畔散策するのもよさそうだ。

café

Le Café d'Harmonie

ル・カフェ・ダルモーニー

コーヒーまたは紅茶とセットになった、その日のケーキセットは550～850円。お抹茶(お菓子つき)やソフトクリームもある。

諏訪湖を一望するカフェ 華やかなカップで ティータイムを

華やか。花や草、炎などの美しい文様にふんだんに金がほどこされ、ひとつひとつ模様が異なるそう。

併設のミュージアムショップでは、このカップ&ソーサーのほかに、所蔵作品をモチーフにしたオリジナル和三盆などを購入できる。ハンドメイドのオリジナルの絵はがき額もひそかな人気商品とか。

純粋に絵を描くことを楽しんだ素朴派のやさしい作品に癒されたあとは、眺めのいいティールームで素敵な時間を楽しみたい。

Le Café d'Harmonie
ル・カフェ・ダルモーニー
長野県諏訪郡下諏訪町10616-540
(ハーモ美術館内)
☎0266-28-3636
営業時間 9:00～18:00(10月～3月は～17:00)
ラストオーダーは閉店30分前
休業日 なし
★カフェのみの利用可

あえて低くしたという、ウィンドウピクチャの窓からは諏訪湖を一望できる。

museum

Harmo Museum

左上／素朴派の画家たちの作品が展示された２階の展示室。作品にじっくり向き合えるようにと、柵や囲みは設けられていない。

左下／１階・２階の回廊に作品が展示される吹き抜けの「ティーセントホール」。“ウィーンの至宝”と呼ばれる、オーストリアのベーゼンドルファーのピアノが佇む。

美術館のそこかしこから諏訪湖を眺められる。設計者の舟橋秀勝は、日本の建築史に大きな影響を与えたアントニン・レーモンドの弟子に学んだ。

曲線のフォルムがやさしい
自然と一体となった美術館

美しい自然に恵まれた信州諏訪湖湖畔にあるハーモ美術館。産業用ロボットメーカー創業者の濱富夫氏と、当時画商であり、現在は館長であるディレクターの関たか子氏によって１９９０年に開館した。諏訪湖湖畔の中でも真正面に富士山を眺められる絶好のロケーションにあり、２つの半円とヴォールト屋根のギャラリーが交差した構造が印象的な建物だ。

館内に入って目の前にさりげなく置かれたサルヴァドール・ダリの彫刻作品が最初に来館者を迎えてくれる。展示は本館２階からスタート。階段を上がった左手には諏訪湖を一望できる「ウィンドウピクチャ」が。窓から見える諏訪湖は、一枚の絵のような美しさだ。

やわらかな採光がさしこむ展示室から一旦屋外のブリッジを渡ると、靴を脱いで入るギャラリーと映像スペースがあり、そして一番奥のコンサートも開催できる展示ホールへと続く。コンクリート打ち放しの建物でありながら、温かみを醸し出す癒しの美術館だ。

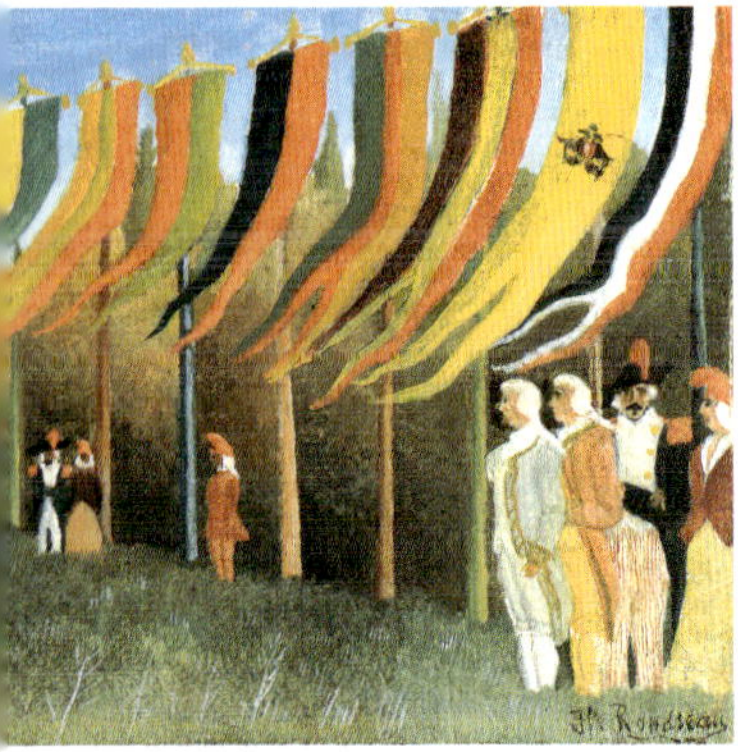

純粋な気持ちで 絵に向き合った やさしさあふれる 素朴派の作品たち

museum

Harmo Museum

コレクションは、世界でも約300点、日本にはわずか30数点しか存在しないとされるアンリ・ルソーの貴重な作品9点をはじめ、カミーユ・ボンボワ、アンドレ・ボーシャン、グランマ・モーゼスなどの素朴派が中心。ほかにミロやルオー、シャガールなど約400点を誇る。

専門の美術教育を受けないまま、〝ただ描きたい〟という純粋な気持ちで仕事のかたわら自由に絵を描き続けた「パントル・ナイーフ」と呼ばれる素朴派の画家。彼らの職業はルソーの税関吏、ボー

サルヴァドール・ダリ《時のプロフィール》
1977～1984年　ブロンズ彫刻
ダリがカマンベールチーズを食したとき、時を正確に刻む時計がチーズのようにとろけて歪んでしまうイメージが浮かび、この作品を制作したという。

グランマ・モーゼス《秋》1950年
描いた絵を自家製ジャムなどと一緒に田舎市で並べたことで見いだされたというモーゼス。彼女の作品は、自然への愛情と郷愁にあふれている。

アンリ・ルソー《ラ・カルマニョール》1893年
1893年開催の装飾壁画コンクールに応募するために描かれた。結果的に落選してしまったが、人々が踊る華やかな作品。

シャンの庭師、サーカスの団員だったボンボワなど千差万別だ。

足を描くのが苦手、遠近法もおかしく、「まるで子どもの絵だ」と笑われながらも描き続けたルソー。手を悪くしたことを機に75歳で刺繍針を絵筆に持ち替え、101歳で亡くなるまで描き続けたアメリカの農家の主婦のグランマ・モーゼス。素朴派の画家の作品からあふれる独特な味わいや豊かな表現に魅了され、いつの間にか笑顔を浮かべながら絵を眺めていることに気づく。

アンリ・ルソー《花》1910年
ルソーの花の絵は世界中に20数点しか現存しない貴重なもの。こちらを見据えるような正面を向いた構図がおもしろい。

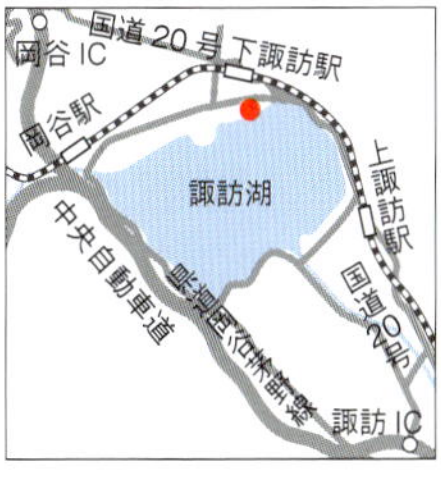

ハーモ美術館

長野県諏訪郡下諏訪町10616-540　☎0266-28-3636
http://www.harmo-museum.jp/
営業時間 9:00〜18:00（10月〜3月は17:00まで）
休館日 無休（展示替え等で臨時休館の場合あり）
料金 一般1,000円、小・中・高校生500円（毎週土曜は無料）
※特別展開催時には入館料が変動する場合あり

レストランの片面がアールのついた大きなガラス張りになっており、美術館の庭に広がる青々とした芝生を一望できる。四季折々の風景に溶け込んだ空間で味わう食事は格別。一人でも家族連れでも入りやすい、気さくな雰囲気の店だ。

Gunma Museum of Art, Tatebayashi

群馬県立館林美術館

群馬県館林市日向町

冬には白鳥が飛来する多々良沼を有する、自然豊かな多々良沼公園。修景池の橋を渡り、清らかな水路沿いに歩いていくと、群馬県立館林美術館の入り口にたどり着く。入り口右側にある「レストラン　イル・コルネット」は、片側全面ガラス張りの窓外に美術館の庭が広がり、店内はのびやかな雰囲気だ。

ぜひ食したいのは、国産牛をじっくり煮込んだ「ハッシュド ビーフ」。肉を口に入れた瞬間、ほろほろと溶けてしまう

restaurant

Restaurant IL CORNETTO

レストラン イル・コルネット

群馬県立館林美術館が所蔵するフランソワ・ポンポンの彫刻《シロクマ》にちなんだオリジナルケーキの「クマのケーキ〈カスタード〉」450円（税別）。白と茶色の部分が反転した「クマのケーキ〈チョコ〉」もある。

ほろりとほどける ハッシュドビーフに 思わずにっこり

国産牛をひと晩じっくりデミソースで煮込み、やわらかく仕上げた「ハッシュドビーフ（サラダ付き）」1,400円（税別）。「ミニガトーショコラケーキ（ハーフサイズ）」200円（税別）をデザートにプラスするのもおすすめ。

ほどのやわらかさだ。店名を冠した「コルネットサンドセット」は、デザートとコーヒー（または紅茶）つきで食べごたえ十分。季節限定メニューも楽しい。

ケーキも魅力的で、ショコラケーキは濃厚などっしりタイプ。食べたいけれど食後のデザートには重すぎる……という人のために、食事をした場合は、ハーフサイズもオーダーできる。また、美術館所蔵のフランソワ・ポンポンの作品《シロクマ》にちなんだ「クマのケーキ」は、なんとも愛らしくかわいい。

Restaurant IL CORNETTO
レストラン イル・コルネット

群馬県館林市日向町2003
（群馬県立館林美術館内）
☎0276-76-8811（レストラン直通）
営業時間 10:00～17:30（ラストオーダー17:00）
休業日 月曜日　美術館休館日に準ずる
★レストランのみの利用可

この美術館のシンボルでもある展示室Ⅰは、巨大な木の葉の影に動物たちが憩う姿をイメージしてつくられた。自然光が降り注ぐ、明るく天井の高い空間に、フランソワ・ポンポンをはじめとする、動物モチーフの彫刻が展示される。

手前の調整池を越え、黒御影石でできた、湾曲するゆるやかなスロープを上がりながら美術館のエントランスに向かう。建物を囲む広い芝生にはケンタッキーグラスなどの洋芝が植えられている。

museum

Gunma Museum of Art, Tatebayashi

多々良沼の景観も含めデザインされた、のびやかな図形のような建物

エントランスホールからは、水と青々とした芝生が眺められる。水面と床の高さがほとんど同じであるため、館外からは椅子と机が浮いているようにも見える。展覧会を鑑賞したあとに、ここで感想を語り合うのもよいかもしれない。

渡良瀬川と利根川に挟まれた低湿地にある多々良沼。湿生植物が豊富で、多くの野鳥が生息し、11月から3月にかけては白鳥も避寒しにやってくる。そんな自然豊かな地に整備された多々良沼公園にあるのが、群馬県立館林美術館だ。群馬県には既に高崎の群馬県立近代美術館があったが、県東部の人はアクセスしにくかったため、２００１年に2館めの県立美術館として開館した。

建物を設計したのは、公共建築や大学などを多く手がけた建築家・高橋靗一が率いる第一工房。長方形や三日月型など、数学の図形のような形の建物が、７．５ヘクタールの敷地にのびやかに配置される。また、建物だけでなく、展示室1から見える芝生広場や別館近くに植えられたカツラの木など、周囲の景観も含めてデザインされている。駐車場から橋をわたり、水音を聞きながらゆるやかな坂を登るエントランスへのアプローチも、これから何が見られるのだろうとワクワクさせられる演出だ。

左／ギャラリーの端から外に出て、カツラの植えられた小道を歩くと、フランソワ・ポンポンのアトリエを模した別館にたどり着く。ヨーロッパの屋根瓦を使用し、石灰岩を乱積みにするなどして、フランス、ブルゴーニュ地方の農家風の建物を再現している。

上／フランソワ・ポンポンの《シロクマ》の背景に芝生広場が広がる。ポンポンの作品は、細部を省略して単純化した、なめらかな線が特徴。シンプルな形だが、動物の骨格や動きまできちんと表され、動物園などに通って観察し続けた成果が発揮されている。

下／別館の内部は、ポンポンの関連資料を展示する「彫刻家のアトリエ」になっている。彫刻をつくるための台や道具、材料の大理石などが置かれ、ありし日のポンポンの姿をイメージできる。また、展覧会に関連した体験ができる「ワークショップ室」もある。

「自然と人間」がコレクションのテーマ
フランソワ・ポンポンの動物彫刻は必見

コレクションは、「自然と人間」をテーマに掲げ、調和・協生・対峙など、両者のかかわりを見つめ直すきっかけになるような作品が中心になっている。特に、フランスで20世紀初頭に活躍したフランソワ・ポンポンの動物彫刻の収集に力を入れる。

大理石でできた《シロクマ》は、彼が世間の注目を集めるきっかけになった記念碑的な作品と同じ形のもの。国内ではポンポンの作品がまとまっている美術館は少なく、貴重である。

また、群馬県が輩出した洋画家・山口薫や鶴岡政男、館林出身の版画家・藤牧義夫と日本画家・小室翠雲など、群馬にゆかりのある作家の作品や、南桂子の版画、永井一正のポスターなど、幅広く近現代美術を所蔵する。美術館設置計画が出た当初は0だったコレクションの点数も、現在は900点以上にのぼり、充実してきている。

弧を描く細長いギャラリーは、レストラン、ショップ、展示室2、3、4を結ぶ動線になっている。ガラス張りで200mも続くが、寄り道をしながら歩けばあっという間だ。突き当りに見えるカツラの木々のところに、別館に続く道がある。

museum

Gunma Museum of Art,Tatebayashi

3つの部屋がつながった展示室2、3、4では、天井の地明かりとスポットライトを混ぜて、展示物にふさわしい光をつくり出している。ここでは、近現代美術、彫刻、デザインなどをテーマに、他館から作品を借りてくる企画展などを年4回開催している。

群馬県立館林美術館

群馬県館林市日向町2003　☎0276-72-8188
http://www.gmat.pref.gunma.jp/
営業時間 9:30〜17:00（入館は閉館30分前まで）
休館日 月曜日（祝日･振替休の場合はその翌日。ただし、4月29日から5月5日までの間および8月15日を含む週は開館）、年末年始（12月29日から1月3日まで）、展示替え期間
料金 展示内容により異なる

日本科学未来館

Miraikan Kitchen《ミライカンキッチン》

都心の風景を見おろしながら科学的（?）なお食事を

日本科学未来館は先端テクノロジー、地球環境、宇宙探求、次世代の医療などの科学技術を体験できる施設。館長は宇宙飛行士の毛利衛氏だ。

その7階展望ラウンジにある「Miraikan Kitchen」には、ここでしか出合えないメニューがある。目を引くのが、青々とした地球をかたどった「青の地球肉まん」だ。

また、食事メニューには「飲むお出汁付き」という気になるフレーズが。これは4種類ある「出汁BAR」から好みのものを選べるという趣向だ。家族や友だち同士で違う出汁を選び、風味や味の違いを検証するという、科学実験のような体験もできるのがおもしろい。

お台場から東京タワーまで見渡せる展望ラウンジで、「青の地球肉まん」（280円）をほおばりつつ、未来に思いをはせるのも一興。

日本科学未来館のシンボル展示「ジオ・コスモス」は直径6m、有機ELを用いた世界初の高精細球体ディスプレイで、地球の姿をリアルに再現。

日本科学未来館

東京都江東区青海2－3－6 ☎03－3570－9151　https://www.miraikan.jst.go.jp/
営業時間　10:00～17:00（入館券の販売は閉館30分前まで）
休館日　火曜日（祝日の場合は開館）、年末年始（12月28日～1月1日）
料金　常設展 大人620円、18歳以下210円 ドームシアター 大人300円、18歳以下100円

Miraikan Kitchen ミライカンキッチン

東京都江東区青海2－3－6（日本科学未来館7階展望ラウンジ内）☎03－3520－0830（レストラン直通）
営業時間 10:00～17:00（ラストオーダー16:45）＊日本科学未来館の開館時間に準ずる
休業日 火曜日（祝日の場合は営業）、年末年始（12月28日～1月1日）　＊日本科学未来館休館日に準ずる
★レストランのみの利用可

第2章

アートビレッジで
満喫する
美術館カフェ・レストラン

Sakushima Art

佐久島

愛知県西尾市一色町

佐久島西港を見おろす別棟のカウンターは「カフェ百一」の特等席。かもめの鳴き声を聴きながらゆったりと島の時間を過ごしたい。

潮風よけに黒く塗られていた建物が集まる西集落にある「カフェ百一」。波止場から階段を上がると母屋と離れがある。

佐久島産のオーガニック野菜を使ったサンドイッチと自家焙煎コーヒーのセットは900円、このほかケーキセットは750円。テイクアウトも可能。夏は純氷のかき氷700円も人気だ。紙コップには「百一」のロゴも。

café

カフェ百一

かふぇひゃくいち

波止場に佇む　時が止まったような古民家カフェ

そのカフェは〝三河湾の黒真珠〟と呼ばれる集落にある。佐久島の西側、小さな船溜まりを囲むように黒壁が並ぶ情景は古い日本映画を見るような美しさだ。このあたりでは以前は潮風から家を守るためコールタールを塗っていた。

店は注文してカウンターで受けとるスタイル。カジュアルでありながら紙コップにもロゴが入る丁寧さがうれしい。自家焙煎の珈琲はコロンビアとマンデリンがベースのキリッとした美味しさ。古民家の座敷もあるが、作品巡りの休憩には波止場を見おろす別棟の部屋がおすすめだ。

〝百一〟という名は、この家の持ち主が「百一さん」ということに由来する。島外出身のオーナーがまず始めたのが島の行事に参加して地元になじむこと。そして、一年かけてこの店をほとんど手作りで完成させたとか。営業時間は夕刻、最終の連絡船が島を離れるまで。その船から船溜まり越しに見るカフェは、まさに風景の一部になっている。

キャッシュオンデリバリー式のカウンター、連絡船の時刻表も島のカフェらしい。2019年2月公開の映画『ねことじいちゃん』(岩合光昭監督)では「カフェ百一」で撮影が行われ、柴咲コウがカフェの主人になった。

カフェ百一 かふぇひゃくいち

愛知県西尾市一色町佐久島西側7番

☎090-4187-6271

営業時間 9:00~18:00

休業日 火曜日(臨時休業あり)

佐久島には西尾市の一色港から佐久島渡船が1日7往復就航、片道約20分で佐久島の西港と東港を結んでいる（大人片道820円）。一色港には無料駐車場があり、また名鉄西尾線西尾駅から一色港までバス便がある。佐久島渡船の問合せ☎0563-72-8284（一色港）。

愛知県西尾市の佐久島は周囲約12㎞、人口２２０人あまりの小さな島だ。温暖で波の静かな三河湾内にあってアサリやタコなどの海産物が名物で、その昔には歌人の種田山頭火も訪れている。

島内には東と西に二つの集落があり、その間をつなぐのどかな海岸が続く。このうち西集落には、細い路地と黒壁の家並みが残り、佐久島でもっとも人気のポイントになっている。また島内には山というほどの高台はなく、島の北側に松林に覆われた標高35ｍほどの起伏があるだけだ。そのためレンタサイクルで巡る観光客がほとんどだ。

そんな佐久島に作品が展示されるようになったのは、１９９７年に開催された「弁天海港佐久島プロジェクト」から。以後継続的にアートイベントが開催され、今では現代アートの島として注目されている。のどかな風景に作品を置く試みは新鮮で、島そのものを現代アートのインスタレーションとして鑑賞するため訪れる美術ファンも多い。

インスタレーションの試みを続ける三河湾のアート・アイランド

三河湾のほぼ中央に浮かぶ佐久島は、全域が三河湾国定公園に含まれる。南に向かって海を抱え込むような地形で、隣接する弁天島や大島といった小島とは橋で連絡している。東西2kmほどだが、複雑な海岸線からさまざまな渚の風景が楽しめる島となっている。

平坦な佐久島でも森に入れば昼も暗い小道が続き、ちょっとした探検気分になる。冬から春にかけてはひと足早く花の時期を迎え、佐久島小中学校の北側、標高35mの遠田山に続くハイキングロードでは2～3月になるとヤブツバキの「花のトンネル」が現れる。

museum
Sakushima Art

佐久島と大島を結ぶ海上の道、大島桟橋ポケットパークに置かれた《イーストハウス》（南川祐輝・2010年、2018年〈一部再制作〉）。二つのボックスをつなぐ純白のストリートは見るものに心地いい違和感を与えてくれる。

ＳＮＳ映えする島の風景と現代アートのインスタレーション

もともとは１９９０年代に試みられた佐久島の過疎対策としてのアートイベントから始まり、さまざまな危機を乗り越えて２００１年から『三河・佐久島アートプラン』として再スタート。鑑賞だけではなくワークショップなども定期的に開催される体験型アート・アイランドだ。

当初はささやかなイベントだったが20年を経て島の展示作品も22点と増え、その環境のよさから島に定住するアーティ

民家から離れた渚に置かれた《おひるねハウス》（南川祐輝・2004年、2013年〈再制作〉）。西集落の黒壁からヒントを得たという漆黒のキューブには9つの小部屋があり、はしごを登って自由に入れる。離れて見れば、鑑賞する人をも作品世界に取り込んだようなおもしろさを感じさせる秀作だ。

museum

Sakushima Art

栈橋で島とつながる大島の高台に置かれた《佐久島のお庭》(松岡徹)。陶片やタイルを使い、佐久島とその環境構造をモチーフに描いたという不可思議な庭園。謎の首が海を見つめてユーモラス、壮大かつ珍妙な作品だ。ちなみにここも佐久島の絶景ポイントだ。

大正時代、島内の八十八ヶ所に祠を設けて弘法巡りが行われていたという。その伝説にインスパイアされてできた《コウボウノコシカケ》(小川次郎)。島の西部、かつて八十一番祠があった白浜海岸に建つ、巨大サザエ風の貝殻とお地蔵様がなんともシュールだ。

島の北部、ソテツ広場の《北のリボン》(TAB・2015)。丘からの道と海岸コースのハイキングロードが交差するポイントに置かれた展望台を兼ねた作品。森と海と空をリボンのように結ぶ意図が込められ、天国への階段をのぼるように展望位置に導かれる。

ストやクラフト作家も現れている。
今では展示作品を巡るスタンプラリー『佐久島アート・ピクニック』も始まり、最近では島の風景と現代アートのインスタレーションがSNS映えすることから観光客も年間10万人と増え、休日になると連絡船が若い女性で一杯になる。もともと佐久島は海の幸でも知られたところで味自慢の民宿も多く、泊りがけで訪れるのもいいだろう。

佐久島 さくしま

愛知県西尾市一色町佐久島
☎0563-72-9607(西尾市役所佐久島振興課)
https://sakushima.com/
交通 島内に公共交通機関はないが東西の渡船場近くにレンタサイクルあり。
見学 基本的に各作品は見学自由。『佐久島アート・ピクニック』のスタンプシートは渡船場や弁天サロン(西集落)で配布。

Clematis no Oka

クレマチスの丘

静岡県長泉町東野

ティーハウス「ガーデナーズハウス」近くには、8月下旬から睡蓮が咲き始める池もある。池越しに見えるシンプルな建物が「ヴァンジ彫刻庭園美術館展示棟」。

富士山麓の丘陵地に位置するクレマチスの丘。ほぼ一年を通して、クレマチスなどの花々が楽しめる「クレマチスガーデン」の一角に「ガーデナーズハウス」がある。店名の通り、ここは四季折々の緑に囲まれた、まるで誰かのお庭に招かれたかのようなスペース。花々とともに佇む感じがやさしい雰囲気だ。広大な庭園を歩いたあと、このティーハウスはホッとひと息つける場所となっている。

園内の花を生けた小さなフラワーアレンジメントを愛でながらいただけるのは、ローズヒップやレモングラスなどのハーブティーとクッキー。自分の家にこんな素敵なスペースがあれば……とつい思ってしまう。

クレマチスの丘内には、ほかにも「リストランテ プリマヴェーラ」「ピッツェリア&トラットリア　チャオチャオ」「日本料理　テッセン」「カフェ&ショップ　ツリーハウス」などのお店があるので、その日の気分で食事やカフェタイムを楽しみたい。

緑に覆われたアーチをくぐった先に、ツル性の植物棚にハンギングフラワーバスケットが吊られた「ガーデナーズハウス」がある。

café

Gardener's House

ガーデナーズハウス

広大な庭園にひっそり佇む 隠れ家のようなティーハウス

エントランスすぐの場所にあるミュージアムショップ「NOHARA BOOKS」で購入した本を眺めながら、ゆっくりと過ごすのもよいだろう。

緑に囲まれた「ガーデナーズハウス」は、クレマチスの丘の隠れ家的な存在。ドリンクとお菓子のセットが 1,000 円。

Gardener's House ガーデナーズハウス

静岡県長泉町東野クレマチスの丘347-1(ヴァンジ彫刻庭園美術館内)

☎055-989-8787

営業時間 10:00〜16:00(季節により異なる)

休業日 水曜日(祝日の場合は翌日休業)、雨天の日(屋外にあるため)、年末年始

★利用するにはヴァンジ彫刻庭園美術館の入館料が必要

広大な敷地に点在する
4つのミュージアムと屋外作品

ヴァンジ彫刻庭園美術館の庭園を下った先には、コンクリート建ての建物がある。

ビュフェ作品を常設で楽しめる「ベルナール・ビュフェ美術館」。館内には子どもたちのアート体験をサポートする「ビュフェこども美術館」を併設。

museum
Clematis no Oka

ジュリアーノ・ヴァンジ《プリマヴェーラ》2009年（素材：アプリチェーナ石） 男性と女性、そして木を表した彫刻。同じ名前を持つイタリアンレストランが敷地内にあり、ランチやディナーを楽しめる。

大きくゆったりとしたスペース、高い天井が特徴の「ヴァンジ彫刻庭園美術館」。ヴァンジの常設展のほか、定期的に企画展も開催される。

ジュリアーノ・ヴァンジ《壁をよじ登る男》1970年（素材：ブロンズ、アルミニウム、ポリクローム） 安堵？ 絶望？ それとも苦しみ？ 人間の中の多面的な心のありようを表現したという彫刻。その大きさにも驚く作品だ。

三島駅から無料シャトルバスで約25分。広大な敷地を誇るクレマチスの丘には、３つの美術館と井上靖文学館、カフェやレストランが点在する。エントランスすぐに位置するのが「IZU PHOTO MUSEUM」。現代美術家の杉本博司が内装・坪庭の設計に携わった個性的な美術館だ。エントランスから右手へ進むと、美しい庭園があるヴァンジ彫刻庭園美術館へ。海を借景にした屋外作品を見ていくと展示棟に着く。１９３１年にイタリア・フィレンツェで生まれたジュリアーノ・ヴァンジは、現代イタリアを代表する具象彫刻家。ブロンズや大理石などを駆使したヴァンジの作品は、見る者にさまざまな感情を抱かせる。

吊り橋のある遊歩道を歩き15分ほどの場所にあるのは「ベルナール・ビュフェ美術館」。黒々とした直線が強烈な印象を残す、20世紀フランスの画家ベルナール・ビュフェの作品を鑑賞できるが、約２０００点の収蔵作品は、質と量ともに世界一だ。

右／クレマチスの半数以上は5月上旬～6月中旬にかけて花が咲くが、さまざまな品種があるのでほぼ一年中、楽しめる。

左／イギリスでは「ツル性植物の女王」として親しまれているクレマチス。白や赤、ピンク、黄色などかわいらしい花に心が和む。

四季折々の花やクレマチスが訪れる人をやさしく迎える美しい庭

museum

Clematis no Oka

クレマチスの丘の一番の魅力はやはり、ヴァンジ彫刻庭園美術館に併設されたクレマチスガーデンかもしれない。クレマチスガーデンには約２５０種２０００株以上ものクレマチスが植えられ、一年を通してかわいらしい花が咲く。屋外に展示された数多くの彫刻作品とともに、桜やバラ、クリスマスローズ、さまざまなハーブなどの草花にも出会える。

順路などの標識はわずかにあるだけで散策するような気分で自由に作品や庭園を鑑賞できるようになっているのも楽しい。クレマチスガーデンをそぞろ歩いたり、庭園にある小高い丘の上に置かれた椅子で休んだり、彫刻作品とともに写真を撮ったり……。思い思いに自分だけの時間を過ごせる場所だ。

また、「ヴァンジ彫刻庭園美術館」にある、気品ただよう大理石の作品《説教壇》を使った挙式や、クレマチスガーデンにあるガゼボ(西洋風あずま屋)を使ったガーデンウェディングが行われることもある。

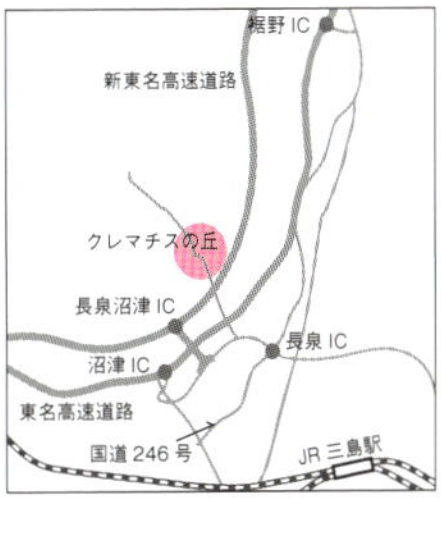

クレマチスの丘

静岡県長泉町東野クレマチスの丘347−1　☎055−989−8787

https://www.clematis-no-oka.co.jp/

営業時間 10:00～18:00(4～8月の場合。時期により異なる。入館は閉館30分前まで)

休業日 水曜日(祝日の場合は開館、その翌日休館)、年末年始

※IZU PHOTO MUSEUMは改修工事のため休館中

料金 **クレマチスガーデン/ヴァンジ彫刻庭園美術館**　4～10月は一般1,200円、高・大学生800円。**ベルナール・ビュフェ美術館**　一般1,000円、高・大学生500円など。

※小・中学生以下は無料。ほかに3館共通券など各種あり。

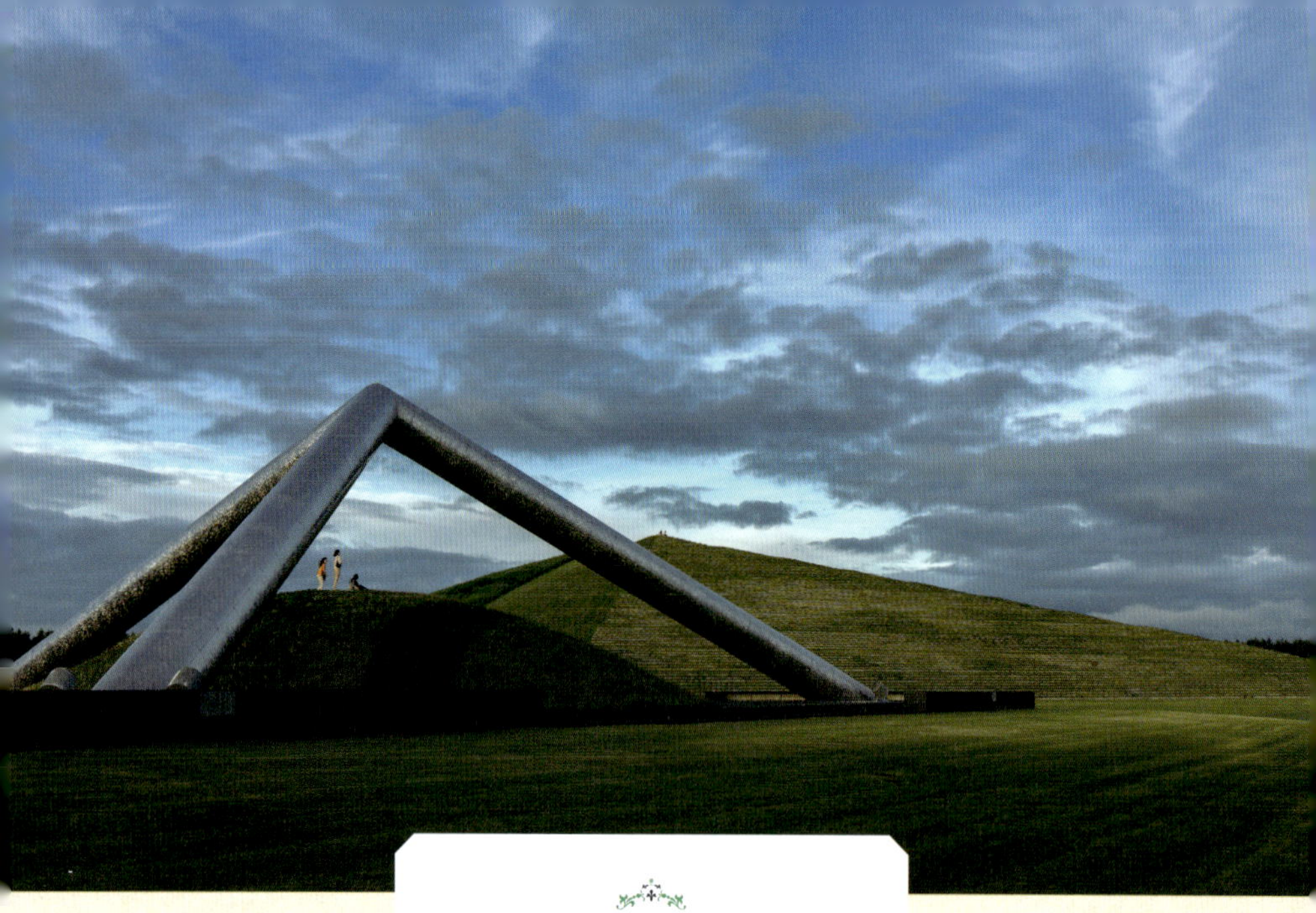

幾何形態を多用したモエレ沼公園のビューポイントのひとつである《テトラマウンド》。大空の下、直径２ｍの円柱が銀色に輝く。写真提供：モエレ沼公園

Moerenuma Park

モエレ沼公園

北海道札幌市東区

モエレ沼公園のシンボル「ガラスのピラミッド」の一角にある、本格的なフレンチレストラン。店名の「ランファン・キ・レーヴ」（フランス語で「夢見る少年」の意味）は、モエレ沼公園を駆け回る少年にネーミングの着想を得たという。全面ガラス張りの窓からは広大なモエレ沼公園の緑が望め、夕方には一帯がオレンジ色に染まる夕景も楽しめる。そのため、早い時間からのディナーも人気だ。

北海道の新鮮な食材をふんだんに使うのが特徴で、『ミシュランガイドブック』にも掲載されている。食材の特性を最大に生かした料理は彩り鮮やかで、さながらアート作品。食べるのがもったいないほどの美しさだが、口に運ぶとそのおいしさで幸福感に包まれる。

ディナータイムは定番コースメニューのほかに、記念日などに供するスペシャルコースも用意している。誕生日や結婚記念日などに利用すれば、きっと忘れられない思い出になるだろう。

restaurant

レストラン
L' enfant qui rêve
ランファン・キ・レーヴ

地元新鮮食材を使った フレンチで“夢見る”心地に

地元で取れた旬の食材を惜しみなく使った、本格フレンチは絶品。丁寧に盛りつけされた皿は色鮮やかで、一幅の絵画のようだ。ランチ、ディナーともに、コース料理でたっぷりと味わうことができる。

季節や時間によって表情を変える風景をガラス越しに眺めながら、おいしいフレンチを楽しめる。記念日などに利用できる、特別なディナープランもある。また、結婚式の会場としても人気だ。

札幌中心部から30分程度かかる郊外にありながら、この店の料理を楽しむために連日多くの人が訪れる。

レストラン L' enfant qui rêve
ランファン・キ・レーヴ

北海道札幌市東区モエレ沼公園1−1(ガラスのピラミッド内)

☎011−791−3255(レストラン直通)

営業時間　**ランチ** 11:30〜14:30　**ディナー** 17:30〜20:00(季節により変動あり)※予約がおすすめ

休業日　4〜10月は毎週月曜日。11〜12月は冬期営業として土日祝日のみ営業。1〜3月は冬期休業。

https://lenfant-qui-reve.com/

★レストランのみの利用可

約 188.8 ヘクタールもの広大な敷地。上空からの写真を見ると、その広さがよくわかる。北海道ならではの施設だ。写真提供：モエレ沼公園

彫刻家イサム・ノグチが設計した広大な敷地を有するアートな公園

札幌市内中心部より車で約30分の場所に広がる約１８８・８ヘクタールの広大な敷地面積を有するモエレ沼公園。かつてゴミ処理場だった場所で１９８２年に着工、２００５年にグランドオープンし、現在では札幌市民の憩いの場として愛されている。

　美術館ではなく総合公園ではあるが、公園の基本設計を彫刻家イサム・ノグチが「全体をひとつの彫刻作品とする」というコンセプトを掲げ手がけた、ひとつの大きな作品だ。実際に２００２年にはグッドデザイン大賞を、ほかにも多くの賞を受賞している。

　敷地内に建つ《ガラスのピラミッド》内にはイサム・ノグチの常設彫刻作品をはじめ、レストランやギャラリー、ショップ、公園管理事務所が入っており、美術展なども開催される。

　園内にある標高62mの人工の山《モエレ山》は、この公園のシンボル的な存在であり、山頂からは札幌市内を一望できる。

museum

Moerenuma Park

標高 62.4 mの《モエレ山》に上れば、山頂から札幌市全体を見渡せる。この《モエレ山》は、実は不燃ごみと公共残土を積み上げた人工の山なのだ。写真提供：モエレ沼公園

《モエレ山》では、冬にはスキーやソリ遊びを楽しむことができる。《ガラスのピラミッド》にあるショップではウィンタースポーツ用品のレンタルも可。写真提供：モエレ沼公園

海あり山あり、遊具あり
子どもが楽しめる、
さまざまなアート作品

上／6月中旬から9月上旬に開放される《モエレビーチ》。ノグチ自ら紙をハサミで切り抜いて、池の形を決めたという。写真提供：モエレ沼公園

左／コンサートや舞踏などを楽しめるプレイマウンテンの正面に位置する《ミュージックシェル》。白い形状は職人が研磨して仕上げたものだ。
写真提供：モエレ沼公園

museum
Moerenuma Park

モエレ沼公園には、山だけでなく、海辺をイメージしてつくられた子どものための水遊び場《モエレビーチ》もあり、海のない札幌市民、特に子どもたちの夏の人気スポットとなっている。

「大人の世界ではなく、背丈90㎝の人間が走り回る世界です。僕が創造したものを子どもに発見してもらいたい。原始、人がそうしたように子どもにも直接向き合ってもらいたいのです」このイサム・ノグチの言葉に象徴されるように、モエレ沼公園には子どもの遊び心をくすぐる、彼自身がデザインした遊具が点在する。幾何学形態を多用した山や噴水、遊具などが配置され、これらのアート作品で自由に存分に遊び尽くせる。

また、春の桜、夏の水遊び、秋の紅葉、冬の一面の雪景色と四季折々の景色も楽しめる。《海の噴水》、《テトラマウンド》などの大型作品も必見。駐車場を含め、これらの施設はすべて無料で利用可能であるのも大きな魅力のひとつだ。

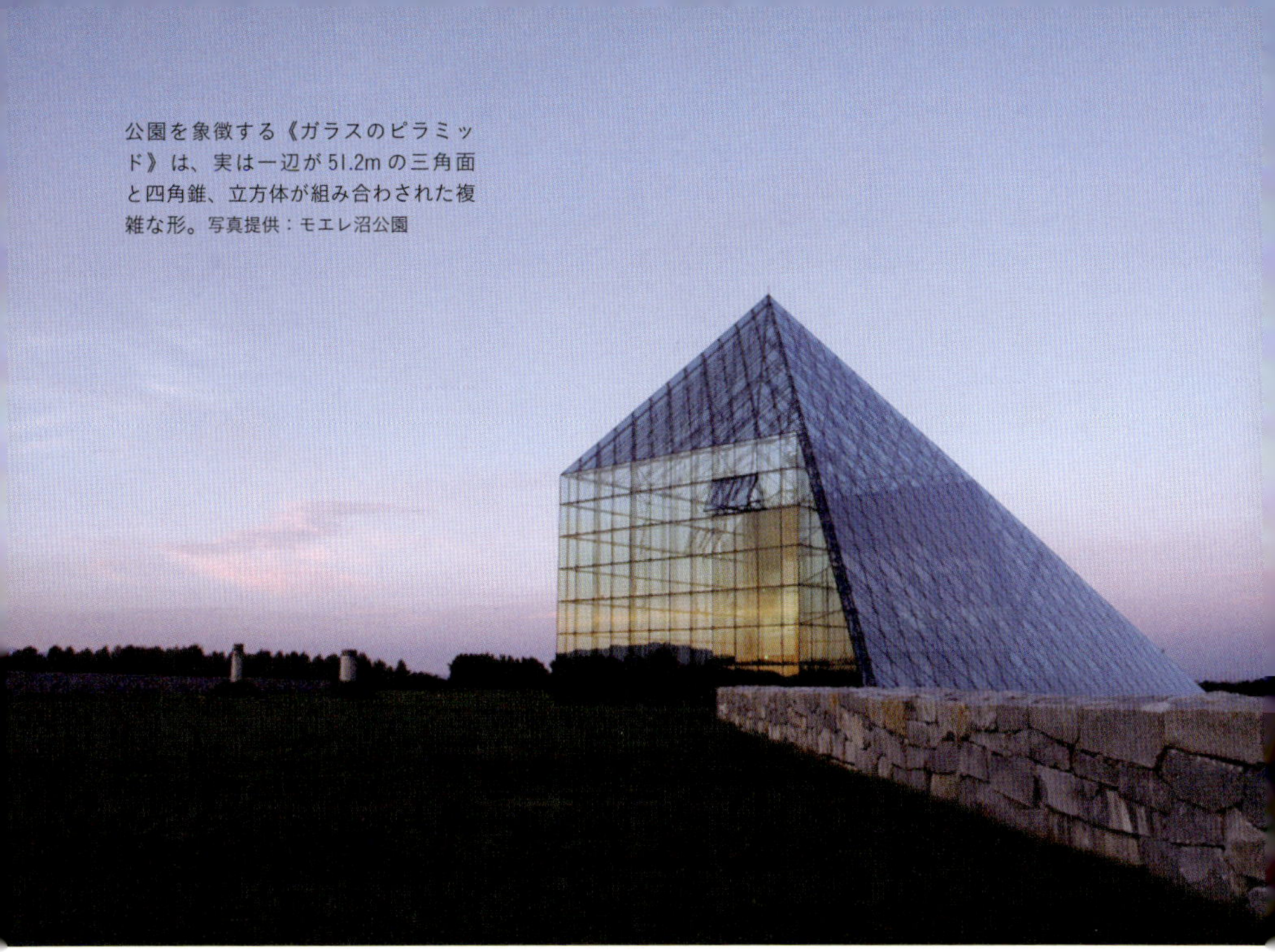

公園を象徴する《ガラスのピラミッド》は、実は一辺が51.2mの三角面と四角錐、立方体が組み合わされた複雑な形。写真提供：モエレ沼公園

上／水を素材にして多くの造形作品を手がけたノグチ。《水の彫刻》は最大25mまで噴きあがる噴水作品だ。4月末～10月下旬にプログラムが運転される。写真提供：モエレ沼公園

左／サクラの森にある円錐型のすべり台《スライドマウンテン》は実現されなかったプロジェクトに模型で何度も登場した“滑ることができる山”がモチーフ。写真提供：モエレ沼公園

モエレ沼公園

北海道札幌市東区モエレ沼公園1−1
☎011−790−1231
http://moerenumapark.jp/
開園時間　7:00～22:00（入園は閉園1時間前まで）
休業日　無休（ただし、園内各施設はそれぞれ休業日あり）
入場料　無料（駐車場も無料）

歩道と美術館の敷地の間は柵もない開放的なつくり。手前の大きなガラス窓のホワイトキューブが「cube cafe&shop」。

Towada Art Center

十和田市現代美術館

青森県十和田市西二番町

ポップな床は、アート作品
地元食材を使ったメニューも魅力

十和田市現代美術館の白く四角い建物から「cube」という店名がついたというこのカフェ。床はマイケル・リンのアート作品で、ビビッドな色とポップなデザインがかわいい。床が独創的なカフェと聞くと「落ち着かないのでは？」と思うかもしれないが、天井まで広がった大きな窓と白壁とのバランスがよく明るく開放的で気持ちの落ち着く空間だ。

　この店の特徴は空間デザインだけではない。地元食材を使った軽食、スイーツ

café

cube cafe&shop

キューブ カフェアンドショップ

ソフトジェラートに熱々のエスプレッソをかけた「アフォガート」(480円)は、甘さとほろ苦さのバランスが抜群だ。

青森県産のりんごがたっぷり入った、十和田富士屋ホテルのアップルパイとソフトジェラートのセット「青森スペシャルスイーツ」680円。

マイケル・リン《無題》©Mami Iwasaki
床一面に描かれるのは、十和田の伝統工芸である南部裂織に影響を受けてマリケル・リンが制作した作品。休憩スペースとして立ち寄ることもできる。

など、ここでしか味わえないメニューが豊富。しかもホットドリンクは、草間彌生デザインの十和田市現代美術館オリジナルカップで供される。

「カフェ&ショップ」の名の通り、ショップが併設され、美術館常設展示の作家のグッズや、デザイナーが手がけたミュージアムグッズを販売している。十和田ならではの工芸品やクラフト作家のグッズもあり、さらに地元食材なども置いてあるので、十和田旅行のお土産を探すのも楽しいだろう。

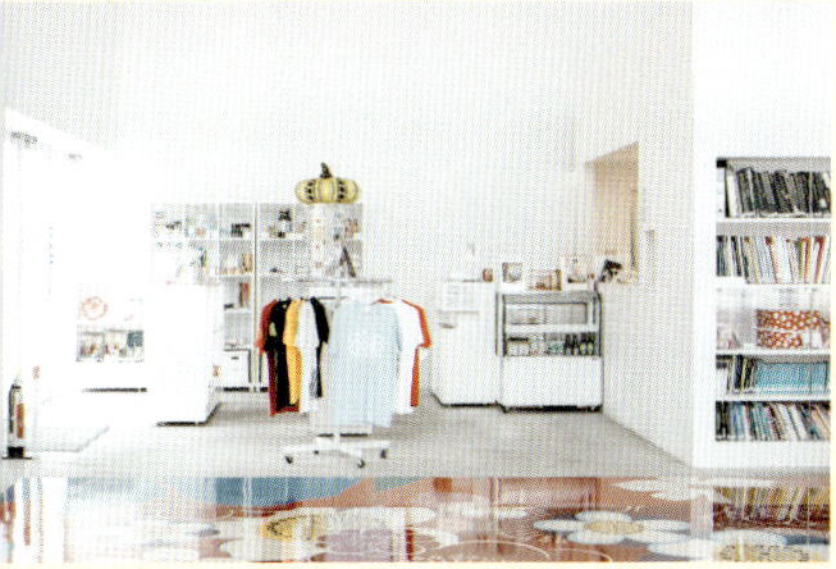

カフェに併設されたショップでは、十和田市現代美術館に常設展示している作家のオリジナルグッズや、デザイナーが手がけたミュージアムグッズなどを販売する。ここでしか手に入らないグッズも多いので、要チェックだ。

cube cafe&shop キューブ カフェアンドショップ

青森県十和田市西二番町10−9(十和田市現代美術館内)

☎0176−22−7789(カフェ直通)

営業時間 cafe9:00〜17:00(ラストオーダー16:30)　shop9:00〜17:00

休業日 月曜日(祝日の場合はその翌日休業)　美術館休館日に準ずる

★カフェとショップのみの利用可

十和田の街並みに溶け込む
白いキューブ型の
現代アートの美術館

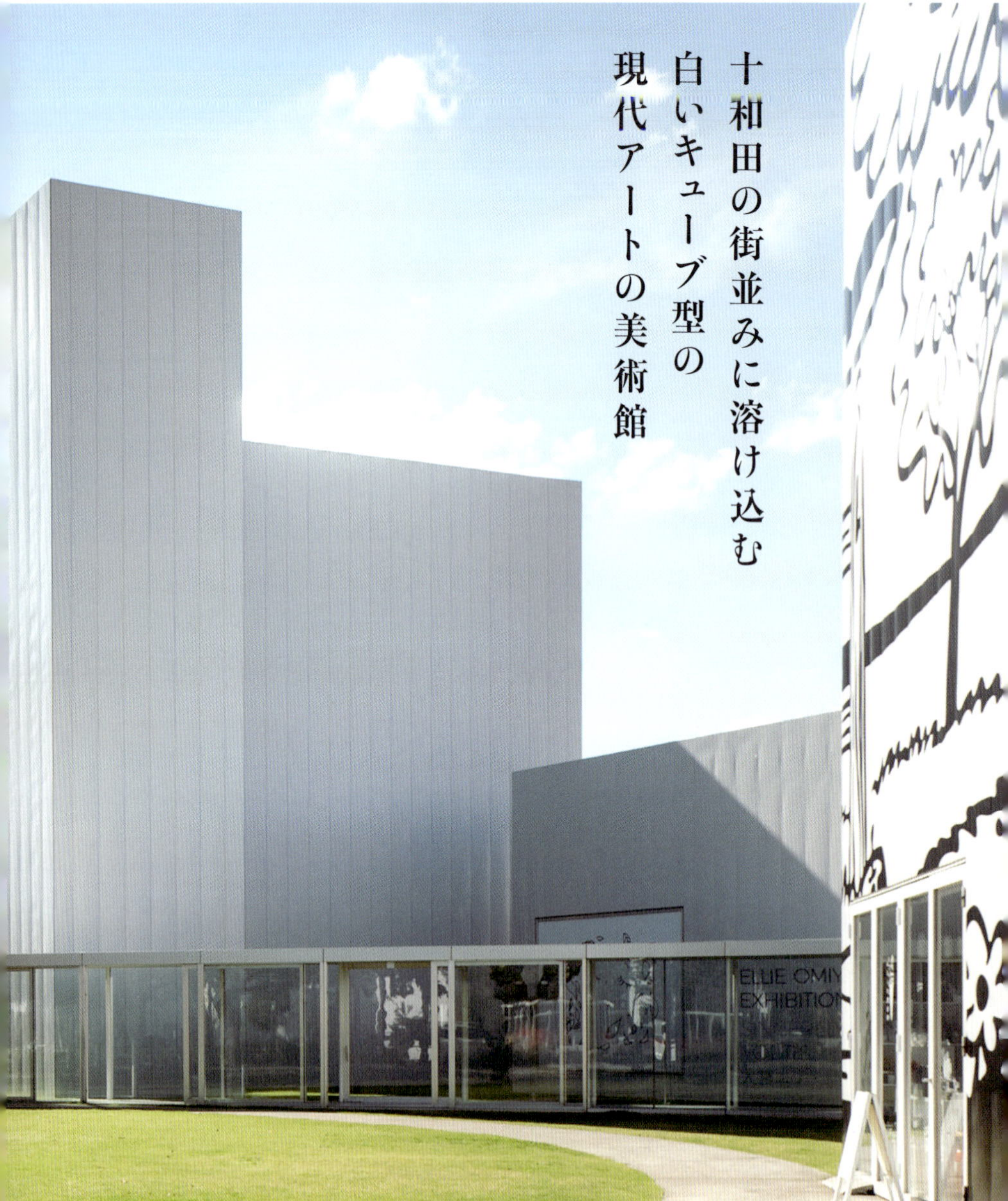

美しく整えられた芝生に、高さも大きさも異なるいくつもの白い展示室が立ち並ぶ姿が印象的だ。

桜や松が植えられた官庁街通りに建つ十和田市現代美術館。桜の時期も、ホワイトキューブが真っ白い雪景色に溶け込む冬もよい。

museum

Towada Art Center

十和田市中心部の官庁街通りにある「十和田市現代美術館」は現代アートのための美術館。いくつもの白いキューブ型の建物がランダムに配置され、街の景色にすんなりと溶け込んでいる。

設計したのは、香川県豊島《てしま》の豊島美術館や石川県金沢市の金沢21世紀美術館（妹島和世との共作）を手がけた西沢《にしざわ》立衛《りゅうえ》。〝ホワイトキューブ〟の愛称を持つ白い箱型の展示室が芝生に分散して配置され、展示室同士を通路がつなぐ。通路はガラス張りなので、外を通る歩行者の姿が見えることも。展示室の間に設置された屋外作品やガラスの通路とともに、街に向かうような開放感がある。

展示作品は国内外で活躍する作家33組38作品。すべての作品がこの美術館のために制作された新作だ。各作品は、形も大きさも異なるホワイトキューブに、基本的に1室につき1作品が展示される。隣の展示室に移動するごとに世界観がガラッと変わり、驚きが連続して訪れる。

森北伸《フライングマン・アンド・ハンター》©Mami Iwasaki
ビルの谷間のような三角形の空間にある彫刻作品。手足を突っ張るように広げた人物がおもしろい。見逃さないように！

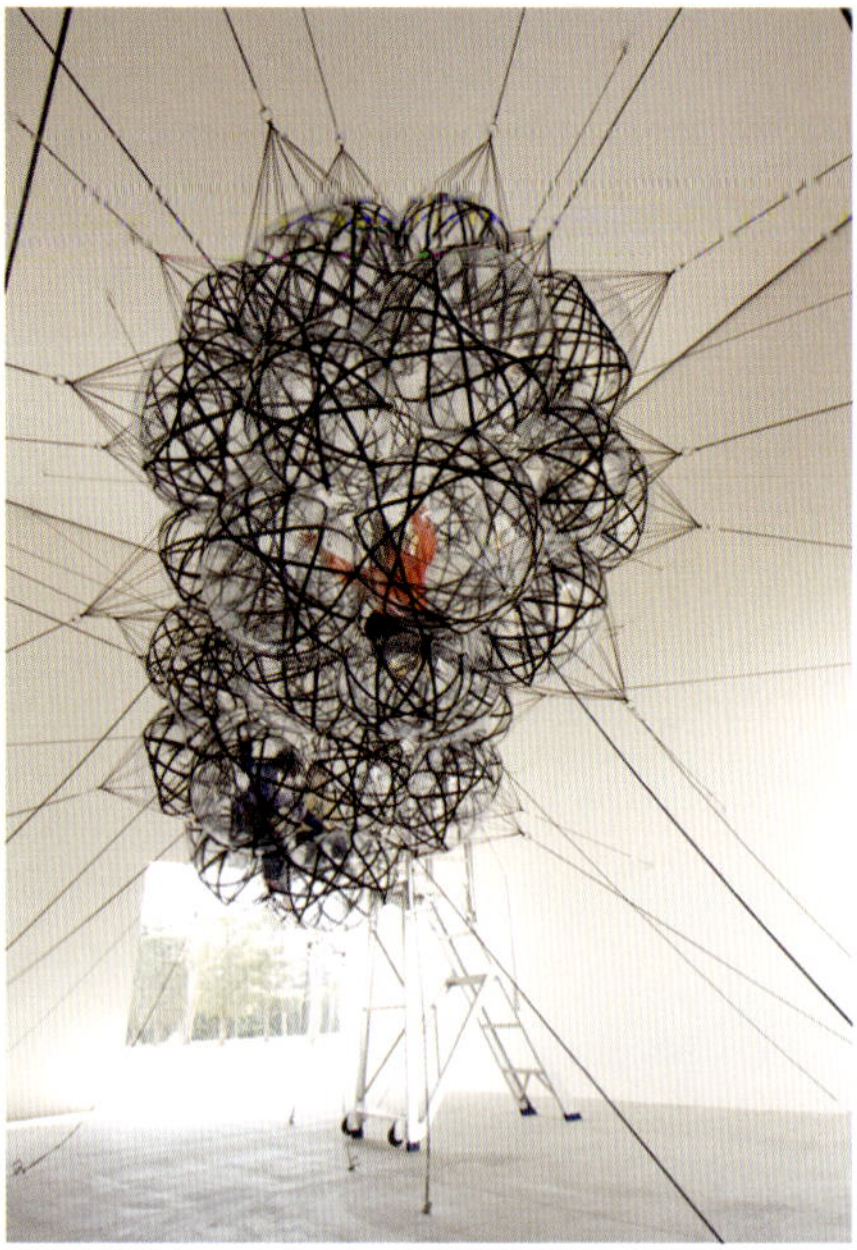

トマス・サラセーノ《オン・クラウズ（エア-ポート-シティ》©Mami Iwasaki
網目状のひもで連結したバルーンで構成された宙に浮かぶ作品。観客はハシゴを使って作品の中に入ることもできる。

展示室ごとに 新たな驚きのある 現代アートを 体感できる 〝アートの家〟

museum

Towada Art Center

チェ・ジョンファ《フラワー・ホース》撮影：小山田邦哉
美術館エントランスに位置する、十和田市現代美術館のシンボル的な作品。花をまとった馬が華やか。

ポール・モリソン《オクリア》©Mami Iwasaki
高さ 10 m、幅 20 mのホワイトキューブいっぱいに描かれた、リンゴの木をモチーフにした絵。館内に「cube cafe&shop」がある。

ジム・ランビー《ゾボップ》©Mami Iwasaki
美術館のエントランスロビーに展開される作品。カラフルな蛍光ビニールテープが、床一面に幾何学模様をつくり出す。

ロン・ミュエク《スタンディング・ウーマン》
撮影：小山田邦哉
高さ 4 m近くある女性像が来館者を迎える。その大きさにびっくりしたあとは、髪の毛や肌の様子、愁いを帯びた目など、そのリアルさにも驚く。

〝アートの家〟というコンセプトに基づき制作された38の作品たち。ホワイトキューブ1室ごとに大型のインスタレーションを中心とした、映像作品や彫刻が展示されている。そのため、展示室から次の展示室へと移動すると、まるでまったく異なるギャラリーを渡り歩いているかのような感覚になる。

ハシゴにのぼってアートを体感するもの、天井の穴をのぞくインスタレーション、巨大でリアルな作品など、展示室に足を踏み入れるたびに、新しい驚きがある。どれも「現代アートは前衛的すぎてよくわからない」というイメージを一掃する、ワクワクする作品ばかり。いずれもここでしか出会えないアートだ。

ほの暗い展示室で作品を見たあとにガラス張りの通路に出ると、外の明るさがひときわ輝いて見える。いったんリフレッシュしてから、次の作品にじっくりと向き合えるのもよい。通路から見える野外作品もあるので、見逃さないように気をつけよう。

museum

Towada Art Center

草間彌生《愛はとこしえ十和田でうたう》
“水玉の女王”と呼ばれる草間彌生のエネルギーを感じる、カボチャや犬、キノコなどの水玉作品。撮影：小山田邦哉

エルヴィン・ヴルム《ファット・ハウス》《ファット・カー》
太るはずのない家や車がなぜか、まるで人間のようにぶよぶよと太った不思議な作品。撮影：小山田邦哉

インゲス・イデー《ゴースト》
ふわふわ浮遊しているように見える巨大なゴースト。すぐ近くには同じアーティストによる、建物を覗いている《アンノウン・マス》も。photo：©Sadao Hotta

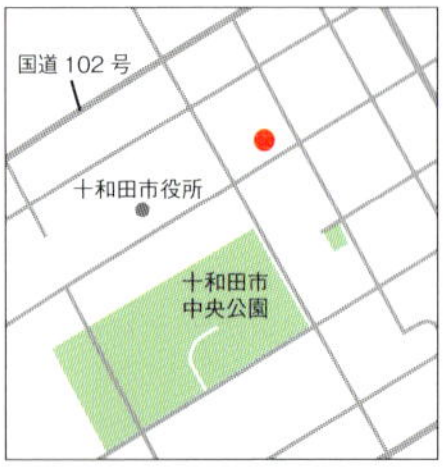

十和田市現代美術館

青森県十和田市西二番町10−9　☎0176−20−1127
http://towadaartcenter.com/
営業時間 9:00〜17:00（入館は閉館30分前まで）
休館日 月曜日（祝日の場合は翌日休館）、年末年始
※イベントやメインテナンス等で臨時休館の場合あり
料金 企画展+常設展セット券 一般1,200円、企画展 800円、常設展 510円
高校生以下 無料

上／日高恵理香《商店街の雲》
商店街の景色になじむ、透明感のあるベンチ。くぼみもあるので座り心地もいい。撮影：小山田邦哉

左／マウントフジアーキテクツスタジオ《イン・フレークス》 ステンレスの欠片が重なり合ったようなベンチ。鏡のような座面には、桜や新緑など十和田の四季が映り込む。photo：©Sadao Hotta

散策するだけで楽しい！ 街中のさまざまなアート作品を巡る

アート作品は美術館や美術館向かいのアート広場のみならず、商店街にも飛び出して展示されている。約1㎞に渡る官庁街通りや商店街に設置されているのは、アーティストによる6つのベンチ。カラフルなブロックをモザイクのように重ねたバスを待つ人のためのベンチ、思わず寝ころんでしまいそうな2つの枕型の彫刻のベンチなど、公共の場所がアートであふれている。

当初こそ地元の人々にとって現代アートは不可思議な存在だっただろうと想像できるが、今ではここに作品があることが日常の風景となっている。ハコモノの美術館を建てるだけでなく、このように街全体を舞台に見立ててアート作品を野外にちりばめ、街と一体化させたプロジェクトは世界でも珍しいという。

世界中からここを目的に訪れる観光客も、「現代アートとは何？」などと肩ひじ張って考えず、ただそのままに楽しめばいいのだと思わせてくれる、ユニークなアートエリアだ。

福井県立恐竜博物館

Cafe & Restaurant Dino《カフェ アンド レストラン ディノ》

恐竜化石の一大産地で恐竜にちなんだメニューを楽しむ

恐竜化石の一大産地である福井県勝山市に建てられた福井県立恐竜博物館は、恐竜を中心とする地質・古生物の博物館。日本における恐竜研究の拠点としても知られている。

3階にある「Cafe & Restaurant Dino」は店名の通り、恐竜にまつわるメニューが豊富。恐竜型のナゲットをトッピングしたカレー、福井で発見された恐竜の形を模したホットドッグ、恐竜の足型バンズ、ティラノサウルス型のクッキーがのったパフェなど、恐竜好きにはたまらない演出だ。

また、ソースカツ丼やおろしそばなどのご当地グルメもあり、福井自慢の味も楽しめる。

赤い円柱が印象的な店内。明るく広々としていて、小さな子どもやお年寄りがいるファミリーも安心して利用できる。

オムライスの中に埋まった"化石"を食べながら発掘する「化石発掘オムハヤシライス」(1,000円)。何が出てくるかは食べてみてのお楽しみ!

福井県立恐竜博物館

福井県勝山市村岡町寺尾51－11かつやま恐竜の森内　☎0779－88－0001　https://www.dinosaur.pref.fukui.jp/

営業時間 9:00～17:00(入館は閉館30分前まで)

休館日 第2・4水曜日(祝日の場合は翌日休館、夏休み期間は無休)、年末年始

料金 常設展 一般720円、高校生・大学生410円、小・中学生260円

Cafe＆Restaurant Dino カフェ アンド レストラン ディノ

福井県勝山市村岡町寺尾51－11かつやま恐竜の森内(福井県立恐竜博物館内)

☎0779－87－1109(カフェ直通)

営業時間 9:00～17:00(オーダーストップ16:30)

休業日 第2・4水曜日(祝日の場合は翌日休業、夏休み期間は無休)、年末年始　＊博物館休館日に準ずる

★利用するには福井県立恐竜博物館の入館料が必要

第3章

本格的な料理が
味わえる
美術館カフェ・レストラン

Tokyo Metropolitan Teien Art Museum

東京都
庭園美術館

東京都港区白金台

カフェから見える庭園にも彫刻作品が置かれる。テラス席も気持ちがいいスペースだ。

café

café TEIEN

カフェ 庭園

展覧会をイメージしたケーキを陽光差し込むカフェでいただく

2018年10月～2019年1月開催の展覧会のコラボケーキ「ピカントショコラ」は850円（税別）。

２０１４年にリニューアルした新館にある「café ＴＥＩＥＮ」。床から天井まで続く大きなガラス窓から明るい自然光が差し込む、気持ちのよい空間だ。客席からは美しく整えられた庭園と庭園に置かれた彫刻作品を眺められ、展覧会鑑賞後の〝くつろぎ〟にぴったりの時間を過ごすことができる。

　こちらのカフェでいただけるのは、コーヒーや紅茶、煎茶などのドリンクや、展覧会に合わせたコラボケーキやサンドイッチなど。そしてこれらが供されるカップ＆ソーサーもポイント。アール・デコ風の文様が施された、美術館オリジナルのノリタケのカップ＆ソーサーは、アール・デコ様式の館である庭園美術館の雰囲気とぴったりだ。

　また、うれしいのはこちらのカフェでは、ワインやクラフトビールなどのアルコールも味わえること。美しい作品たちに魅了されたあと、天気のいい日には、屋外のテラス席でお酒をたしなむのもよいかもしれない。

床から天井まで続くガラスの壁が設けられた店内に、真っ白なテーブルや椅子が並ぶ。

café TEIEN カフェ 庭園

東京都港区白金台5-21-9（東京都庭園美術館内）

☎03-6721-6067（カフェ直通）

営業時間 10:00～18:00（ラストオーダー:フード17:00、ドリンク17:30）

休業日 第2・第4水曜日（祝日の場合は翌日休業）、年末年始、および展覧会準備期間

★利用するには美術館の入館料が必要

restaurant

Restaurant du Parc

レストラン デュ パルク

緑豊かな庭園に囲まれた本格的なフレンチレストラン

テラス席では、カフェタイムにドリンクをテイクアウトで楽しめる。

美術館正門の横に、2018年3月に新たに誕生した「Restaurant du Parc」。フランス語で〝公園のレストラン〟の意を持つ店名らしく、庭園を望む建物の側面はすべてガラス張り。

視界を遮る柱がなく、日中でも眩しすぎないよう、天井は斜めになっている。どの席からも開放的な眺めが楽しめ、まるで森の中で食事をしているような気分になれる。左手には西洋庭園、右手奥には美術館本館の旧朝香宮邸《きゅうあさかのみやてい》と、都心とは思えない美しい光景は、まるで絵画のようだ。

実はこちらのレストランは、南青山にある36年以上の歴史を有すフランス料理の邸宅レストラン「ロアラブッシュ」の姉妹店。本場フランスで修業経験のあるシェフがつくりあげる料理は、アート作品のような華やかさだ。季節ごとのメニューや、展覧会に合わせたメニューなど、彩りも美しい、目にも舌にも幸せを感じるフレンチを堪能できる。

緩やかに斜めになった天井は、落葉の季節も自然と屋根から葉が落ちるよう設計されている。

右／平日のランチは1,500円と2,500円のコースの2種類がある。ディナーコースは3,800円から（いずれも税別）。

Restaurant du Parc

レストラン デュ パルク

東京都港区白金台5-21-9（東京都庭園美術館内）

☎03-6456-4929（レストラン直通）

営業時間 **ランチ**11:00～（ラストオーダー14:00）

カフェ14:00～17:00

ディナー17:00～22:00（ラストオーダー20:00）

休業日 第2･第4水曜日（祝日の場合は翌日休業）、年末年始

★レストランのみの利用可

2014 年にリニューアルした新館。本館といかに違和感なく調和させるかを念頭に置いて設計された。

アール・デコ様式の本館と調和する ガラス張りの建築が印象的な新館

３年間に渡る大規模な改修工事を経て、２０１４年にリニューアルオープンした際に新たに建てられた新館。現代美術作家・杉本博司をアドバイザーに迎えて建設された新館は、ガラスの壁が印象的な建物だ。現代的なホワイトキューブの展示空間とカフェ、ミュージアムショップを備える。大きなガラスの壁のあるとてもモダンな建物だが、本館の旧朝香宮邸とも不思議と調和する。

それは、本館から新館へと移動する際に通り抜けるガラス張りの渡り廊下がポイントとなっているからかもしれない。三保谷硝子製のガラスのアプローチは、本館玄関にあるルネ・ラリックのガラス扉と呼応するかのよう。波打つデザインのガラスは、差し込む光の角度によって床にハートや蝶のような影をつくる。

フランスで目にしたアール・デコに惹かれ、その様式美を率先して日本で初めて本格的に取り入れた朝香宮夫妻のように、歴史あるものと新しいものが融合した優美な展示空間となっている。

新館ロビースペースには、現在、企画展に合わせたグッズが並ぶミュージアムショップがある。

museum

Tokyo Metropolitan
Teien Art Museum

ガラスの壁が印象的な café TEIEN がある新館のテラススペース。開放感たっぷりだ。

ギャラリー1は、多様な企画を行えるすっきりとしたスペース。映像上映やトークが行われるギャラリー2もある。

本館大客室。マックス・アングランによるエッチング・ガラス扉と、ルネ・ラリックによる照明も印象的だ。

アール・デコ様式に魅了される
建物自体が作品といえる本館

ＪＲ目黒駅から徒歩約7分、豊かな自然に囲まれたアプローチを抜けた先に旧朝香宮家のアール・デコの邸宅美術館「東京都庭園美術館」がある。昭和天皇の皇后・香淳《こうじゅん》皇后の叔父である朝香宮鳩彦《あさかのみややすひこ》殿下がフランスへ遊学した際に、当時欧州を席巻していたアール・デコ様式。妃殿下ともどもその優美さに魅了され、自邸建築の際にふんだんに取り入れた。

内装にアンリ・ラパンやルネ・ラリックらなど、当時のフランスを代表する装飾美術家を起用。さらに宮内省内匠寮《たくみりょう》が基本設計や一部の内装を手がけ、2年に及ぶ大工事の末、1933年に竣工。本格的なアール・デコ様式と高度な職人技が融合した華やかな邸宅が生まれた。

完成当時、美しい館の1階は重要な客を迎えるパブリックスペース、2階は朝香宮家の生活空間として使用されていた。デザイン性の高いラジエーターカバーや数々の照明も華やかな空間に彩りを添える。どの部屋が一番のお気に入りかを考えながら展示室を巡るのも楽しい。

左／来館者をまず迎えるのは、ルネ・ラリックによる正面玄関のガラスレリーフ。モザイクの床も美しい。

下／円形を描く、張り出し窓のある大食堂。ルネ・ラリックによる《パイナップルとザクロ》の照明が架かる。

museum

Tokyo Metropolitan
Teien Art Museum

吉田茂邸、迎賓館、一般の結婚式場と歴史を重ねてきた本館は、国の重要文化財に指定されている。

アンリ・ラパンが内装設計を手がけた2階にある書斎。飾り棚を設えて、円形に仕上げられている。

芝生と樹木が整えられた庭園はかつての宮さまの憩いの場

上／芝庭から望むアール・デコの本館（旧朝香宮邸）は多くの職人がつくりあげた芸術作品。

右／園路や樹木が整備され、2018年にグランドオープンした西洋庭園。春には桜も楽しめる。

左／朝香宮両殿下のプライベートスペースだったテラス。窓からは、美術館のシンボルツリー・ムクの木が見える。

美術館名の由来となった庭園は、「芝庭」「日本庭園」「西洋庭園」と3つに分けられている。特に、本館と同時期に整えられた芝庭と日本庭園は朝香宮邸時代の面影を今もよく留める。

元々この地は讃岐高松藩松平家の下屋敷があった場所。大名庭園として整えられていたことが想像できるが、今も地形に合わせて美しく樹木が整備され、アール・デコ様式の建物と見事に調和する。

安田侃《やすだかん》の彫刻作品《風》が置かれた芝庭。迎賓館として利用されていた1960年代、この一帯には大理石の縁石を備えたプールがあった。そして、築山林泉式の日本庭園にある茶室「光華《こうか》」は、鳩彦殿下自ら命名。池を備えた和の情緒ある庭園だ。

朝香宮家の邸宅だった当時は白孔雀や鳩、ウサギやシェパードなどが飼われていたとか。子どもたちや多くの鳥や動物が遊んでいたであろう、かつての宮邸の庭。現在は庭園のみの入園も可能なので、散策で訪れる人も多く見られる。

museum

Tokyo Metropolitan
Teien Art Museum

上／朝香宮邸時代から引き継がれている、開放感ある芝庭。奥にあるのが安田侃の《風》。

左／築山と池、茶室を備える日本庭園は朝香宮邸時代から引き継がれる庭園。秋の紅葉も見事だ。

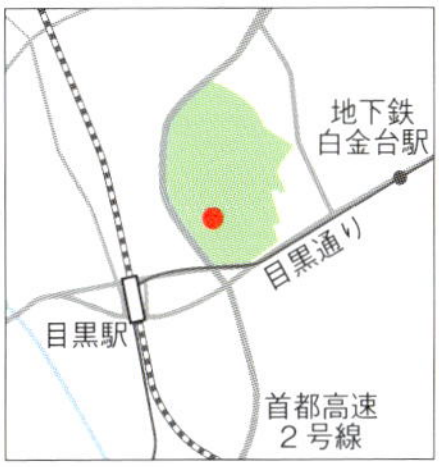

東京都庭園美術館

東京都港区白金台5−21−9

☎03−5777−8600（ハローダイヤル）

https://www.teien-art-museum.ne.jp/

営業時間 10:00〜18:00 (入館は閉館30分前まで)　※夜間延長開館の場合あり

休館日 第2･第4水曜日（祝日の場合は翌日休館）、年末年始、展示替え期間中は庭園のみ公開

料金 展覧会によって異なる

※庭園のみの入園料：一般200円、大学生160円、中･高校生･65歳以上100円

米粉の生地にマンゴークリームをサンドした「マンゴーのロールケーキ」600円（税別）。もっちり、ふわっとした食感の生地と酸味のあるクリームの相性がよく、フォルムもかわいい。プラス300円でドリンクがつけられる。

森の中でピクニックしている気分で食事を楽しめる

Utsunomiya Museum of Art

宇都宮美術館

栃木県宇都宮市長岡町

宇都宮美術館がある「うつのみや文化の森」は、宇都宮郊外の緑豊かな約26ヘクタールの丘陵地。店の外には森が一面に広がり、おとぎ話の森の中にいるかのような気分が味わえる。

「白いキャンバスに、天地間の恵みを、文化的で自由に彩る現代創作料理」をコンセプトとするだけに、料理もスイーツも彩り鮮やかで絵画的。もちろん視覚的に美しいだけでなく、そのおいしさにも大満足。和洋中のジャンルにとらわれず、

restaurant

joie de sens

ジョワ・デ・サンス

ランチタイムには「お肉料理ランチ」2,080円、「お魚料理ランチ」1,780円、「シェフの気まぐれお米料理」1,380円（いずれも税別）があり、それぞれスープ、前菜、自家製フォカッチャかライス、ドリンクがつく（内容は季節、展覧会によって異なる）。

森に面した側が全面ガラス張りになっており、ウッディーにまとめられた室内と相まって、森の中でお茶会をしているような気分になれる。企画展限定メニューを楽しみにしているファンも多く、森を散策がてら立ち寄る人もいる。

地産地消・全国の地場産素材にこだわった料理は、日本人の繊細な五感に訴えかけてくる。定番メニューのほか、企画展のイメージでつくられる限定のランチセットとスイーツもあり、企画展鑑賞の余韻にひたるのもよい。

お店を貸し切ってのイベントもでき、特に人気なのがウエディング。森の中での挙式と「ジョワ・デ・サンス」での披露宴は、まるでおとぎ話の主人公になったかのような体験ができるだろう。

joie de sens ジョワ・デ・サンス

栃木県宇都宮市長岡町1077（宇都宮美術館内）

☎028-625-7729（レストラン直通）

営業時間　ランチ11:00〜14:00（ラストオーダー14:00）

カフェ 14:00〜18:00（ラストオーダー17:30）

ディナー 17:30〜21:30（予約制）

休業日　月曜日（祝日の場合は翌日休業）

美術館休館日に準ずる

★レストランのみの利用可

庭園にも数々の彫刻作品を展示。市街地から離れた森の中にある美術館だからこそ、自然と作品をともに満喫できる。

企画展開催期間中の火・水・木・日曜の 14:00 から解説ボランティアによるコレクション展の解説が行われている。

四季折々の自然も満喫できる森の中の美術館

ＪＲ宇都宮駅からバスで25分ほど、市の中心部から離れた、里山の雰囲気を残す「うつのみや文化の森」に隣接する緑豊かな自然に囲まれた美術館。宇都宮市制施行１００年を記念して平成９年（１９９７）に開館した。

建築家・岡田新一設計の建物は、周囲の環境に配慮した低層構造で、１階が展示フロアとなっている。３つの展示棟が森の中で鳥が翼を広げるかのように配されており、一部建物の外観には宇都宮市北西部の大谷町付近一帯で採掘される大谷石が用いられている。平成に入ってからの開館ながら、ルネ・マグリット《大家族》、マルク・シャガール《静物》、ワシリー・カンディンスキー《鎮められたコントラスト》、パウル・クレー《上昇》など、20世紀を代表する画家の作品を所蔵する。黒田清輝、浅井忠、中村彝、松本竣介、辰野登恵子など、日本の近現代のコレクションも充実。デザイン分野の収集にも力を注いでおり、ポスターやプロダクトデザインなども多数所蔵する。

museum

Utsunomiya Museum of Art

上／ラウル・デュフィ《ピエール・ガイスマール氏の肖像》1938年
19世紀末から20世紀前半のパリを代表するフランスの近代画家ラウル・デュフィ。鮮やかな色彩で「色彩の魔術師」と称された。

右／ルネ・マグリット《大家族》1963年
シュルレアリスムを代表する画家のひとりである、ベルギーで生まれたルネ・マグリットの作品も収蔵。

宇都宮美術館

栃木県宇都宮市長岡町1077　☎028-643-0100
http://u-moa.jp/
営業時間 9:30〜17:00（入館は閉館30分前まで）
休館日 月曜日（祝日の場合は翌日休館）、
祝日の翌日（祝日の翌日が土日・祝日の場合は開館）、年末年始
料金 コレクション展　一般310円、大学生・高校生210円、小・中学生100円
企画展は企画展により異なる

〃アートと美食の館〃で本物のビストロの味わいを楽しむ

昼食セットメニューは、A（本日の前菜・磯料理または肉料理・自家製パン・コーヒーまたは紅茶）が 2,800 円、B（A の磯料理と肉料理が両方つく）が 3,800 円。リーズナブルな価格で、視覚も味覚も大満足の料理を楽しめる。

MOA Museum of Art

MOA美術館

静岡県熱海市桃山町

ビストロという気軽に楽しめるフレンチを日本に初めて持ち込み、さらに日本初の宿泊つきレストラン（オーベルジュ）を箱根につくった伝説のシェフ勝又登。彼が2017年、MOA美術館のリニューアルに伴い、アートと食を融合させたレストランとしてオープンしたのが「カフェレストラン　オー・ミラドー」だ。白を基調とした店内は明るくシンプルなつくり。余計な装飾を排したことで、料理の彩りがより美しく映える。

上／看板メニューの「色とりどりシャルキュトリー前菜の盛り合わせ」1,200円（税別）。カラフルな前菜が一皿に盛り合わせて供される。

左／“アートと美食の館”としてMOA美術館内にオープンした「カフェレストラン オー・ミラドー」は、本物のビストロの味わいを堪能できると大人気。平日休日問わず多くの人が訪れる。

restaurant

Café Restaurant “Au Mirador”

カフェレストラン　オー・ミラドー

昼食セットメニューは2種類。どちらも勝又シェフの料理をリーズナブルな価格で味わえる。前菜、スープ、魚、肉の単品メニューも用意されているので、アラカルトで自分好みにオーダーをするのもよい。セットメニューもアラカルトも一品一品丁寧な仕事がなされ、絵画のような仕上がり。口に運べば、そのおいしさに思わずにっこりしてしまう。

超人気店のためランチタイムの混雑は必至。来訪日が決まったら、なるべく早く予約するのがおすすめだ。

Café Restaurant “Au Mirador”

カフェレストラン　オー・ミラドー

静岡県熱海市桃山町26-2（MOA美術館内）

☎0557-86-2358（レストラン直通）

※日中は混雑して電話がつながりにくいため箱根本店でも対応

箱根オー・ミラドー　☎0460-84-7229

営業時間　10:00〜16:00（ラストオーダー15:30）

休業日　木曜日、展示替え日、年末年始
美術館休館日に準ずる

★利用するには美術館の入館料が必要

右／低反射高透過ガラスを使用した展示ケースの向かいは、黒漆喰の壁になっている。何も映り込むものがないため、ガラスがまったく存在しないような錯覚を覚え、作品を手に取ることができるような気さえしてくる。毎年2月には尾形光琳の国宝《紅白梅図屏風》が展示される。

museum

MOA Museum of Art

温暖な気候に恵まれた熱海温泉。相模灘を一望できる高台に、1982年、MOA美術館は開館した。コレクションは、創設者・岡田茂吉が第二次世界大戦の混乱期に、美術品が海外に散逸するのを憂いて集めたもの。尾形光琳《紅白梅図屏風》、野々村仁清《色絵藤花文茶壺》などの国宝3点、重要文化財65点をふくむ約3500点から、テーマを設け、順次公開している。

2017年には、現代美術作家・杉本博司と建築家・榊田倫之が主宰する「新素材研究所」によって、内装をリニューアルした。展示台に樹齢1500年を超える屋久杉を使用し、正面玄関に人間国宝・室瀬和美による漆塗りの扉をつける

本館はきわめてシンプルなデザイン。インド産の砂岩を用いた外壁が環境と調和している。相模灘に向かって階段を下りた広場には、イギリスの彫刻家・ヘンリー・ムアの《王と王妃》が設置されている。春には桜越しの海が眺められる絶景スポットだ。

開放感あふれる広々としたメインロビーは、1階、2階の吹き抜けになっている。左手の幅32mの窓からは、相模灘のパノラマが堪能できる。晴れた日には真鶴岬、三浦半島、房総半島や伊豆大島が見えることも。

野々村仁清の国宝《色絵藤花文茶壺》専用の空間。江戸黒という艶やかな黒漆喰の壁で囲まれた空間に、茶壺が浮かび上がる。展示室の照明にもこだわりがあり、最新のLEDを使って、それぞれの美術品ができた時代の人が見たであろう、自然光に近づけようとしている。

装いを新たにした展示室で国宝・重要文化財を間近に見られる

など、伝統的な素材や技法にこだわった、古美術鑑賞にふさわしい空間を誕生させた。また、豊臣秀吉ゆかりの黄金の茶室や尾形光琳が住んだ屋敷の再現、総檜づくりの能舞台など、展示室以外の施設も充実。茶会や能などのイベントも催されている。

MOA美術館

静岡県熱海市桃山町26−2
☎0557−84−2511
http://www.moaart.or.jp/
営業時間 9:30〜16:30(入館は閉館30分前まで)
休館日 木曜日(祝休日の場合は開館)、展示替え期間
料金 一般1,600円、高大生1,000円、小中生無料

やさしい自然光の入る空間で、庭園の緑を楽しみながら美食を味わえるレストランは、地元の人の特別な時を演出する。そして遠くからの旅人は瀬戸内の美味を味わう。

Umi-Mori Art Museum

海の見える杜美術館

広島県廿日市市大野

安芸の宮島、厳島神社と向かい合い、瀬戸内海を望む山肌にある、海の見える杜美術館。そこにある「セイホウ・オンブラージュ」は県有数の美食を味わえるフレンチレストランとして、広島県のみならず中国地方でも評判が高い。

店名のセイホウは日本画家・竹内栖鳳から命名したという。彼の名作が多く収蔵された美術館のレストランにふさわしい名だ。その栖鳳は京都の料亭の息子だったので、魚にも野菜にも目が利いた。

ディナーはすべて２営業日前までの完全予約制。ディナーはおまかせコースが３種（5,500円、8,000円、10,000円）ある。ランチも予約がおすすめだ。ランチは本日の肉料理か魚料理をメインにしたもの、または本日のパスタ（1,200円～）。

restaurant

SEIHO OMBRAGE.

セイホウ・オンブラージュ

瀬戸内の食材と庭園の緑を楽しめる県内有数のフレンチレストラン

広々とした庭園は区域ごとに違う表情を持つ。レストラン周辺は緑に囲まれ、木陰の下で楽しい時間を過ごすこともできる。緩やかな坂の美しい遊歩道を進むと、やがてレストランが見えてくる。

彼の名を冠したレストランが美食の場だというのは、必然なのかもしれない。

ウエディング・レストランにも使われ、遠近から集まる参列者は二人の門出を祝い、美食の喜びを分かち合う。パンは地元の名店フェルダーシェフから運ばれ、瀬戸内海の新鮮な魚介と中国山脈で採れた野菜や肉とともに供せられる。

特別な時間、特別な美食を楽しむための美しい空間。それがこのセイホウ・オンブラージュだ。特別な人と、ぜひ一度訪れてみたい。

SEIHO OMBRAGE.

セイホウ・オンブラージュ

広島県廿日市市大野亀ケ岡700
（海の見える杜美術館敷地内別棟）
☎0829−50−1203（レストラン直通）
営業時間 **ランチ**11:30～15:30（ラストオーダー14:00）
※事前に問い合わせるのがおすすめ
ディナー17:00～21:00（ラストオーダー20:00）
※完全予約制コース料理のみ
休業日 月曜日・火曜日（隔週）※事前に必ず確認を
★レストランのみの利用可

museum

Umi-Mori Art Museum

駐車場から美術館までのアプローチ「杜の遊歩道」は木々と花々に囲まれ、四季折々の表情が楽しめる。この 15 分ほどの道のりをそぞろ歩くうちに、この先に待つ美術館と美食への期待がいや増してくる。

上／「うみもりテラス」からは美しい海と宮島を一望できる。ここで無料のドリンクを飲みながら、広々とした美術館を見て回って疲れた目と足を癒すのもよい。無料 Wi-Fi も設置され、細やかな心づかいを感じる。

下／日本三景の一つとして平安時代の昔から人々の崇敬を集めた厳島神社。数分間の船の移動も楽しく、シカの歓迎を受けてふと振り返れば、対岸の山肌に大きな施設が見える。それが「海の見える杜美術館」だ。

美しい自然と竹内栖鳳を中心とする日本近代絵画が楽しめる美術館

　海の見える杜美術館は、創設者・梅本禮暉譽の「美術品は私有するべきものではなく、公のものとすべきである」という理念に基づき開館した美術館だ。竹内栖鳳を中心とした日本近代絵画、ヨーロッパの香水瓶、中国清朝の版画や近世日本の物語絵巻などのコレクションで知られている。

　中でも栖鳳の作品は名作が多く、彼の弟子たちの今では忘れられた作品群とともに新たな活躍の場をこの「海の見える杜美術館」に開いている。説話を描いた絵巻・絵本も良質の作品が集まり、図録もとても丁寧でよい。

　企画展示は年3～4度、香水瓶などの常設展示も優れており一部を除きノーフラッシュで撮影が可能だ。地元の子どもたちを対象にしたワークショップも定期的に開催され、恵まれた環境の中で心を打つ作品に出会える。

　駅から離れた場所に位置するので、訪れるにはタクシーや自家用車を使う必要があるが、このときめきは手放せない。

《双口セント・ボトル》イギリス、セント・ジェイムズ 1755 年頃（写真上）と、《香水瓶セット》フランス 1870 年頃（写真下）。100 年以上前の香水瓶からも、残り香が漂ってくるような気がする。

竹内栖鳳《薫風遊鹿図》（軸装、絹本着色 1898 年）は、堂々とした体躯の牡鹿がふと振り返る一瞬を捉える。栖鳳は動物画の名手でもあり、京都市恩賜動物園へもしばしば弟子や学生たちを連れて写生に通った。

海の見える杜美術館

広島県廿日市市大野亀ヶ岡701

http://www.umam.jp/

☎0829-56-3221

営業時間 10:00〜17:00（入館は閉館30分前まで）

休館日 月曜日（祝日の場合は翌日休館）、展示替え期間

料金 一般1,000円、大学生·高校生500円、中学生以下は無料

落ち着いた空間で、ゆったりと食事を楽しむことができる本格フレンチレストラン。
メインホールの窓の外には上野の杜が広がる。

芸術が花咲く上野の杜で
フランス料理の草分けの味を

Tokyo Metropolitan Art Museum

東京都美術館

東京都台東区上野公園

東京都美術館にあるカフェ、レストラン3店舗を経営するのは、日本にフランス料理を広めた上野精養軒だ。

1階の「佐藤慶太郎記念 アートラウンジ」奥にある「RESTAURANT salon」は上質な料理が味わえる本格フレンチダイニング。74席がゆったりと配置された店内は、落ち着いた大人の雰囲気。窓からは上野の杜や東門の風景を望める。

精養軒の料理となれば、どれもこれも食べたくなり、オーダーに悩んでしまう

restaurant

RESTAURANT salon

レストラン　サロン

座り心地のよい椅子で、コースメニューを楽しむ人も多い。個室もあり予約ができるので、特別な日の会食にもよいだろう。

10日間コトコトと煮込んでつくる、上野精養軒伝統の「ビーフシチュー」1,980円。

大きなエビが存在感たっぷり、食べごたえのある「海の幸のサラダ」1,000円。

「鴨のローストオレンジソース」（パンまたはライスつき）1,980円。酸味と甘みのバランスが絶妙なオレンジソースがアクセント。

9種類のオードブルが彩り豊かな「パレットオードブル」（1,600円）は、美術館併設のレストランらしいメニュー。少しずついろいろな味が楽しめる。

だろう。そんなときは「プリフィックスメニュー」がおすすめ。メインディッシュとオードブル、スープ、デザート、ドリンクをメニューリストから選び、自分だけのオリジナルコースを楽しむことができるのだ。お酒とともに軽くつまみたいときは、9種類のオードブルが、パレット上の絵の具のように色鮮やかな「パレットオードブル」を。また、特別展の鑑賞後は、特別メニューの「展覧会コラボメニュー」をぜひ試したい。

RESTAURANT salon

レストラン　サロン

東京都台東区上野公園8−36
（東京都美術館内）
☎03−5832−5101（レストラン直通）
営業時間 11:00〜17:30（ラストオーダー16:30）
特別展開催中の金曜日　11:00〜20:00
（ラストオーダー19:00）
休業日 第1・第3月曜日（祝日・振り替え休日の場合は翌日休業）、美術館休館日に準ずる
★レストランのみの利用可

restaurant

RESTAURANT MUSE

レストラン　ミューズ

広々とした空間にダークウッドのテーブルが並んだ店内は、シックだが気取らない雰囲気。食事時にはあちこちで明るい会話が飛び交うので、子ども連れも気軽に利用できる。

上野精養軒の味をカジュアルに楽しめる

座席数200席の広々とした「RESTAURANT MUSE」は、中央棟2階にあり、ガラス張りで明るく開放的な雰囲気。大きな窓からは美術館正面に置かれた野外彫刻や、上野公園を彩る四季折々の風景を見渡せる。

気軽に利用できるカジュアルレストランながら、上野精養軒のこだわりの味は健在。特に、じっくり煮込んだハヤシソースは、「上野名物」といわれるのも納得の味だ。11時～15時のランチタイムに行くなら、ハニーマスタードソースで仕上げたポークソテーに、スープとライスがついた「ミューズランチ」もおすすめ。また、特別展のコラボメニューは毎回工夫が凝らされていて楽しい。

洋食がメインだが、和食や丼類、そば、特製プリンつきお子様ランチなどメニューはバラエティー豊富。小さな子どもからお年寄りまで、だれもが満足できるレストランだ。テーブル席のほかにカウンター席も用意されているので、1人でのんびり食事をしたいときにもよい。

ふわふわの卵が魅力的なオムライスの上に、上野名物のハヤシソースがたっぷりとかかった「オムライス　ハヤシソース」1,280円。カジュアルながら、上野精養軒の味をじっくり堪能できる贅沢な一品。

RESTAURANT MUSE

レストラン　ミューズ

東京都台東区上野公園8−36
(東京都美術館内)
☎03−5832−5551(レストラン直通)
営業時間 11:00～17:30
(ラストオーダー17:00)
特別展開催中の金曜日20:00閉店
(ラストオーダー19:30)
休業日 第1･第3月曜日
(祝日･振り替え休日の場合は翌日休業)
美術館休館日に準ずる
★レストランのみの利用可

café

cafe Art

カフェ　アート

温もりを感じる色合いで統一したインテリアと、外に広がる緑がマッチした店内。同店ならではのデザートとお茶を楽しみながら、あるいは、軽食で小腹を満たしながら、美術鑑賞後の余韻にひたりたい。

野外彫刻を見ながらのんびりティータイム

中央棟1階にある「cafe Art」は、3店舗の中で唯一、美術館の開館と同時にオープンする店。わかりやすい場所にあるので、展覧会の観覧前の待ち合わせにも利用しやすい。

2色のタイルを使った床に、北欧の椅子を配置した店内は、さりげないセンスが光る。大きな窓からは明るい光がたっぷり入り、のんびり過ごしたくなる気持ちのいい空間だ。窓際の席に座れば、窓外に置かれた美術館所蔵作品である彫刻を鑑賞しながらお茶を楽しむという、美術館のカフェならではの過ごし方もできる。

老舗甘味処「みはし」や特別展とコラボしたデザートなど、デザートメニューが充実しているのはカフェらしいが、軽食メニューも豊富。上野精養軒の名物ハヤシライスはもちろんのこと、うどんやパスタなども丁寧につくられている。

広めの通路はベビーカーも無理なく通れ、子ども連れの家族などにも配慮されているのがうれしい。

昭和23年創業の、上野の大人気老舗甘味処「みはし」とのコラボメニュー「上野パンケーキ」(980円)。「みはし」こだわりのこし餡とつぶ餡を、ふんわりパンケーキにのせ、たっぷりのフルーツを添えている。

cafe Art
カフェ　アート

東京都台東区上野公園8-36
(東京都美術館内)
☎03-5832-5566(カフェ直通)
営業時間　9:30〜17:30
(ラストオーダー17:00)
特別展開催中の金曜日20:00閉店
(ラストオーダー19:30)
休業日　第1・第3月曜日
(祝日・振り替え休日の場合は翌日休業)
美術館休館日に準ずる
★カフェのみの利用可

© 東京都美術館

正門を入ってすぐのところにある井上武吉《my-sky hole 85-2　光と影》。ステンレス製の球体は、周りの景色を不思議に映し込む。自分を入れて記念撮影をする人もちらほら。東京都美術館ではこのような野外彫刻が全部で10点展示されている。

前川國男設計の建物を守りながら新しい活動にも挑戦する、日本初の公立美術館

「都美館」の愛称で親しまれる東京都美術館。その前身は、１９２６年に開館した日本初の公立美術館・東京府美術館で、その歴史は古い。現在でも、世界有数の美術館のコレクションなどによる特別展から美術団体の公募展、東京藝術大学など美術学校の卒業作品展まで、幅広いジャンル・規模の展覧会を年間２６０近く開催している。また、「アートへの入口」をめざし、ワークショップなどさまざまなアート・コミュニケーション事業にも力を入れている。

　現在の建物は、東京文化会館などで知られるモダニズム建築の旗手・前川國男が設計した。「大きいものは喉につまるので身の丈にあったものを」という前川の言葉どおり、人間の身体を基準にしたヒューマンスケールが重んじられ温かみが感じられる。老朽化による２０１２年の大規模改修でも、前川建築を保存しながら、ユニバーサルデザインの採用、展示室の環境改善などが図られ、より人にやさしい美術館に生まれ変わった。

© 東京都美術館

高さ制限の関係で、美術館の建物の65%が地下に埋められている。外壁はレンガに見えるが、 実はタイルでできている。コンクリートを流し込む枠自体にタイルを固定してしまうことで、剥落を防止して堅牢なつくりにした。

© 東京都美術館

ライトアップされ、昼間とは違った表情を見せる外観。地上からロビー階を結ぶ大階段のエスカレーターは光の道のようにも見える。公募棟の壁面のカラフルなテーマカラーは、来館者が公募棟を区別しやすくするためにつけられたとも。

museum

Tokyo Metropolitan Art Museum

東京都美術館

東京都台東区上野公園8-36

☎03-3823-6921

https://www.tobikan.jp/

営業時間 9:30〜17:30、特別展開催中の金曜日9:30〜20:00
(いずれも入館は閉館30分前まで)

休館日 第1・第3月曜日(祝日・振替休日の場合は翌日休館)
※特別展・企画展:毎週月曜日休室(祝日・振替休日の場合は翌日休室)
整備休館・年末年始休館あり

料金 入場無料、観覧料は展覧会により異なる

新宿区立漱石山房記念館

CAFE SOSEKI

カフェ・ソウセキ

漱石ゆかりの「空也もなか」を予約なしで食べられる

夏目漱石が生まれ育ち、執筆を行った故郷に、2017年「漱石山房記念館」が誕生した。資料展示のほか、漱石が暮らした「漱石山房」の一部を再現している。

1階にある「CAFE SOSEKI」は、漱石作品や関連図書を読みながらゆっくり過ごせるカフェ。しかも、予約しないと買えない銀座「空也」のもなかを、飲み物とのセットで気軽に味わえる。「空也」の名は、『吾輩は猫である』にも登場する。ほかにも漱石が愛した祇園坊柿を使った「柿アイスクリーム」(432円)など、こだわりのスイーツが充実している。

「CAFE SOSEKI」は漱石作品や関連図書が読めるブックカフェ。日当たりのいい快適な空間で、漱石の世界にひたることができる。

空也のもなかと飲み物（コーヒーか紅茶、またはほうじ茶）がセットになった「空也もなかセット」(648円)。カップの黒猫はカフェのオリジナルキャラクターだ。

新宿区立漱石山房記念館

東京都新宿区早稲田南町7　☎03－3205－0209　http://soseki-museum.jp/

営業時間　10:00～18:00（入館は閉館30分前まで）

休館日　月曜日(祝日の場合は翌日休館)、年末年始(12月29日～1月3日)

料金　通常展 一般300円、小・中学生100円(小・中学生は観覧料免除日あり)

CAFE SOSEKI カフェ・ソウセキ

東京都新宿区早稲田南町7（新宿区立漱石山房記念館内）☎03－3205－0209

営業時間　10:00～17:30（ラストオーダー17:00）

休業日　月曜日(祝日の場合は翌日休業)、年末年始(12月29日～1月3日)　＊記念館の休館日に準ずる

★カフェのみの利用可

第4章

独特な空間が楽しい
美術館カフェ・レストラン

テーブル席とカウンター席があり、高い天井が心地よい。鑑賞後に訪れて、ここでゆっくりするのもよい。
Ⓒ木奥恵三

Suntory Museum of Art

サントリー美術館

東京都港区赤坂

サントリー美術館に併設されたこのカフェは、石川県金沢の加賀麩の老舗「不室屋」がプロデュースするランチ&甘味処。京都の食文化の影響を強く受けた金沢は、麩の製造に欠かせない良水に恵まれていたこともあり、古くから加賀麩の食文化が根づいた。「不室屋」も慶応元年の創業以来、１５０年以上に渡って一貫して加賀麩をつくり続けてきた。金沢の味わいを都内で唯一味わえるのがこのカフェだ。

ランチタイムのみ数量限定で提供される「ふやき御汁弁当」は、具がたっぷり入った大きなふやきの五色汁、麩を使った弁当箱や治部煮などが詰め込まれた人気ランチのひとつ。麩を現代風にアレンジしたスイーツは、生麩を使った白玉や生麩のまんじゅうなど、意外性とともに麩ならではの食感も楽しめる。

また、企画展に合わせた限定スイーツや季節限定メニューもあり、このメニュー目当てに来店する人もいるという。

金沢の老舗が手がける
都内唯一の加賀麩カフェ

café
shop × cafe
Cafe Produced by
加賀麩 不室屋

ショップバイカフェ
カフェ プロデュース バイ かがふ ふむろや

サントリー美術館の脇にも入口がある。店内では不室屋の加賀麩を購入できる。©御厨慎一郎

上／「麩あんみつ」864円。加賀棒茶や煎茶などとのセットは1,350円。好みで黒蜜をかけて。

左／季節のフルーツや生麩を使った白玉などがのった「不室屋パフェ」897円。

11：30から提供される「ふやき御汁弁当」1,836円。数量限定。

美術館の収蔵品をモチーフにしたオリジナルグッズなどが揃うショップ。Ⓒ御厨慎一郎

あでやかな色鍋島小皿は、少しずつ料理を盛ることができて見栄えもいい。

収蔵品をモチーフにした手ぬぐいは、さまざまな種類が並ぶ。壁かけにもおすすめ。

高い技術でつくられた、美しい工芸品であり美術品である扇子は外国人にも人気がある。

shop × cafe ショップバイカフェ

東京都港区赤坂9-7-4 東京ミッドタウン ガレリア3階
（サントリー美術館内）
☎03-3479-8600
営業時間 11:00〜18:00、金･土曜日は〜20:00
（ラストオーダー閉店30分前）
休業日 展示替え期間中の火曜日、年末年始
★カフェのみの利用可

ルーバーと呼ばれる白磁の細い縦格子に覆われた外観が、高層ビルに安らぎを与える。©木奥恵三

茶室「玄鳥庵」は、会期中の指定の木曜に開催される「点茶席」で公開される。1日限定50名。有料。©木奥恵三

和モダンの空間を彩る
洗練された美術品の数々

１９６１年に開館し、現在は六本木の東京ミッドタウン３階にあるサントリー美術館。開館以来のコンセプト「生活の中の美」に加え、「美を結ぶ。美をひらく。」をテーマに年６回ほど良質な企画展を開催する。コレクションはレベルの高いものが揃い、ガラス、漆工、陶磁、絵画などの古美術や工芸品を中心に国宝１件、重要文化財15件を含む約３千件を誇る。近年も複数のコレクターから寄贈されることがあり、収蔵品から選ばれた逸品や一流の作品が展示される企画展は美術ファンの間では常に話題となる。

都心にありながら、静かな時間を過ごせるこの美術館の設計を手がけたのは隈研吾。館内随所の床材にウイスキーの樽材を再利用し、意匠に木と和紙を使った展示室は「和のモダン」を感じさせる。

おすすめしたいのはメンバーズ・クラブの年間パスポートだ。入館フリーパスや同伴者１名無料、内覧会招待など特典が盛りだくさんでカフェやショップも割引になる、とてもお得なパスポートだ。

高さ 9.3 mの吹き抜けにある無双格子。4 階から 3 階へと下りる際に際立つ美しい空間だ。©木奥恵三

museum

Suntory Museum of Art

右／木と和紙を意匠に用いた展示スペースやロビーは天井が高く、ゆったりとしている。©木奥恵三

左／東京ミッドタウンは実は桜の名所でもあり、夜にはライトアップもされる。©木奥恵三

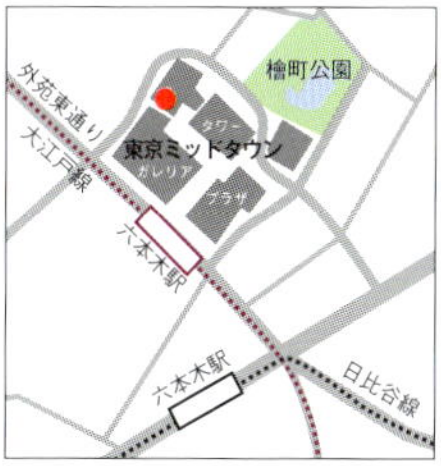

サントリー美術館

東京都港区赤坂9-7-4 東京ミッドタウン ガレリア3階

☎03-3479-8600

http://suntory.jp/SMA/

営業時間 10:00〜18:00

金・土曜は〜20:00（入館は閉館30分前まで）

休館日 火曜日、展示替え期間、年末年始

料金 一般、学生は展覧会により異なる。中学生以下は無料

ゆったり優しい時間が流れる中
夢二のラテアートを楽しむ

竹久夢二のカット絵を施した「夢のあと（カプチーノ）」（500円）と、店で手づくりしている「ガトーショコラ」（430円）。濃厚でほどよい甘さのガトーショコラと、ミルクたっぷりのカプチーノをゆっくり味わいたい。

Yayoi Museum, Takehisa Yumeji Museum

弥生美術館・竹久夢二美術館

東京都文京区弥生

「港や」という店名は、大正３年（１９１４）に竹久夢二が東京・日本橋に開店した小間物屋「港屋絵草紙店」から名づけられたもの。店の２階に上がると目の前の窓に庭木が広がり、春は桜、夏は緑、秋は紅葉、冬は枯木立と、季節ごとの表情を見せてくれる。

壁には夢二の千代紙のパネルが飾られ、大正レトロの雰囲気を醸し出す。階段をのぼったところに置かれたアンティークのラジオも、古きよき時代を感じさせて

2面がガラス張りになった明るい2階席。ほんのりピンクがかったテーブル＆椅子座面の色合いがかわいらしい。壁面には、大正時代の衣装を着て撮影する「ロマン写真館」（114ページ参照）の写真も。

2階に上がる階段の正面に置かれたアンティークのラジオが、訪れる客を夢二の時代にいざなってくれる。ラジオの下にプレーヤーを置いているので、ラジオから流れる音楽を聴いているような気分になる。

café

夢二カフェ 港や

ゆめじかふぇ　みなとや

店頭に飾られた看板。アンティーク調のランプが灯ると、大正時代にもこんな店があったのではないか……と思ってしまう。目の前には東京大学の校舎があり、周囲は静かでアカデミックな雰囲気だ。

「野菜の甘みぎっしりカレー」（730円）は、その名の通り、野菜の甘みを丁寧に引き出した、店オリジナルのチキンカレー。トッピングの焼き野菜は季節によって変わり、自家製ピクルスを添えて供される。

くれる。

夢二ファンならずとも注文したくなるのが、夢二のカット絵をラテアートで再現したカプチーノの「夢のあと」。絵柄が数種類あるので、「今日はどの絵に出会えるか」と予想するのも楽しい。また、フードメニューを注文する客の7割近くが選ぶカレーは、野菜のうまみが凝縮された優しい味。企画展ごとのオリジナルメニューも工夫が凝らされている。カフェのみの利用もできるので、〝谷根千〟散策の途中でひと息つくのにもいい店だ。

夢二カフェ 港や ゆめじカフェ みなとや

東京都文京区弥生2-4-3
(弥生美術館併設)
☎03-5684-1380(カフェ直通)
営業時間　10:30〜17:30(ラストオーダー17:00)
休業日　月曜日(祝日の場合は翌日休業)、
展示替え期間、年末年始、美術館休館日に準ずる
★カフェのみの利用可

ロマン写真館

夢二の絵から抜け出たような着物美人の姿を写真に残す

毎月1回（1月、8月を除く）、「夢二カフェ 港や」を会場にして、夢二の絵に登場するような着物美人の姿を写真に残す、「ロマン写真館」の撮影会が開催されている。

「ロマン写真館」とは、写真家・荒木経惟作品の着物姿のスタイリングを37年担当した岩田ちえ子と、雑誌・新聞を中心に、映画、演劇、音楽など多方面で活動する写真家、首藤幹夫による参加型写真アートプロジェクトだ。「ロマン写真館」が追求するのは、座ればしわになり、風が吹けば裾も袖も揺れる、「本来の着物姿」の美しさ。着物が日常着だった、大正時代の女性の美しさを現代によみがえらせるものだ。この撮影会は、北海道や九州など、遠方から参加する人も多いという。

撮影は美術館休館日の月曜日に行われるが、撮影後は着物姿のまま館内の作品を鑑賞できる。美術館を独り占めして見て回れるのも、この企画の魅力的な特典と言えるだろう。

上右／撮影風景。スタッフも大正時代風の衣装をまとい、雰囲気を盛り上げる。所要時間はヘアメイク、着つけ、撮影で1時間半程度。仕上がり写真は約1か月後に郵送で届けてもらえる。

上左／顔立ちや雰囲気などに合わせた着物を見立ててくれるので、着物がしっくりなじんだ大正美人に。撮影終了後、自分のスマートフォンやカメラで自由に撮影できる（商業利用の場合は事前に相談を）。© ロマン写真館 首藤幹夫

ロマン写真館

料金　女性1名30,000円　男性1名20,000円
（女性とカップルの場合は男性10,000円）

料金に含まれるもの　撮影衣装・髪飾り・小物、ヘアー&メイク（帰りのお直し含む）、着つけ、写真（八切り写真1枚）、オリジナル台紙、オリジナル写真データ5枚が入ったCD-ROM、美術館入館料、写真郵送料

問い合わせ先　http://www.roman3.net/

竹久夢二美術館

竹久夢二の美人画を鑑賞できる都内唯一の美術館

夢二の掛け軸がずらりと並ぶ展示室。美術館には、このような日本画だけでなく、油彩画、版画、スケッチ、書、著作本、装幀本、夢二がデザインしたグッズなど、幅広いジャンルの夢二作品が、常時200点ほど展示されている。

夢二の才能は絵にとどまらない。「待てど暮らせど来ぬ人を　宵待草のやるせなさ」の歌詞で有名な「宵待草」や、「母」などの歌詞も残している。また、大正時代に出版された「セノオ楽譜」の表紙絵も300点以上描いた。

museum

Yayoi Museum,
Takehisa Yumeji Museum

大きな瞳で憂いに満ちた表情を浮かべる「夢二式美人」で人気の竹久夢二。夢二が最愛の女性・笠井彦乃と逢瀬を重ねた縁の地・本郷に、竹久夢二美術館はこぢんまりと建っている。夢二の名を冠した美術館は全国に多々あるが、東京で常に夢二の作品を見られるのは、ここ、竹久夢二美術館しかない。１９８４年にできた弥生美術館から独立する形で、１９９０年に竹久夢二美術館は開館し、創設者・鹿野琢見が集めた約３３００点の夢二コレクションを公開している。

夢二といえば日本画のイメージが強いが、３か月ごとにテーマを変えて開催される企画展には、夢二のデザイン分野の仕事に着目したものも多い。展示される千代紙や本の装幀、雑誌のカットや表紙絵などは、ファンシーグッズのルーツと言ってもよいもので、現代人が見てもモダンで、かわいいものばかり。ミュージアムショップでも、文具や雑貨など、夢二のグッズを販売しているので、帰りにはぜひ立ち寄りたい。

museum

Yayoi Museum,
Takehisa Yumeji Museum

弥生美術館

高畠華宵をはじめとする可憐な少女の抒情画を集めた美術館

雑誌『少女画報』の表紙絵。透き通るような白い肌、三白眼の謎めいた瞳でこちらを見つめてくる女性。高畠華宵の描く女性はモダンでおしゃれで、当時の少女たちのファッションアイコンでもあった。この女性も首元に毛皮を巻いている。

物思いに耽る少女も華宵お得意のモチーフだ。華宵の絵は多くの少女を魅了し、大正時代末から昭和にかけて絶頂を迎える。昭和3年の流行歌「銀座行進曲」に「華宵好みの君もゆく」という歌詞が登場するほど、モダンな女性像の象徴だった。

挿絵画家・高畠華宵の作品を中心に、明治・大正・昭和にかけて雑誌や本を彩った表紙画やカット、装幀などの出版美術を紹介する弥生美術館。その設立のきっかけは、創設者・鹿野琢見と高畠華宵の出会いだった。

鹿野は小学校3年のときに、華宵の「さらば故郷！」という雑誌の口絵に感動し、大切にしていたのだが、第二次世界大戦の混乱でなくしてしまった。それから数十年たった1965年、鹿野はある雑誌の記事で、77歳の華宵が兵庫県にいることを知り、手紙を書き、ついに思い出の「さらば故郷！」に再会し、さらに新たに描いてもらった。以降、華宵との交流を深め、華宵の作品を本格的に集めるとともに、華宵の系譜に連なる中原淳一、蕗谷虹児、加藤まさをなどの挿絵画家の作品も収集。それらを広く一般に公開するために、1984年、弥生美術館を開館させた。彼らが描いた可憐な少女の抒情画は、時代を超え、当時を知らない人からも愛されている。

赤レンガがレトロな気分をかき立てる外観。正面が美術館の入口で、左手にカフェが見える。弥生式土器が発見されたことでも有名な弥生町は、都内にしては緑が多く、ほっとできる雰囲気が漂う。はす向かいには東京大学の弥生門がある。

馬に手をかけ、切れ長の涼やかな目で彼方を見据える妖しげな少年。紅色の頬で少年の若さが強調されている。あでやかな女性だけでなく、華宵はこのような美少年の絵にも才能を発揮した。これは雑誌『日本少年』に掲載されたもの。

高畠華宵の作品3000点、そのほかの挿絵画家の資料24000点から、随時作品を公開する。弥生美術館は3階建てで、渡り廊下を介して、竹久夢二美術館と行き来できるようになっている。最近は、マンガに関連した企画展を開催することも多い。

弥生美術館・竹久夢二美術館

東京都文京区弥生2−4−3
弥生美術館　☎03−3812−0012
竹久夢二美術館　☎03−5689−0462
http://www.yayoi-yumeji-museum.jp/
営業時間　10:00〜17:00(入館は閉館30分前まで)
休館日　月曜日(祝日の場合は翌日休館)、展示替え期間、年末年始
料金　一般900円、大学生・高校生800円、小学生・中学生400円

重要文化財の中にある喫茶店で明治の横浜に思いをはせる

重要文化財の中で気軽に休憩できる「喫茶ともしび」は、美術館や博物館併設のカフェの中でも稀有の存在。窓枠は銀行時代から使われているもので、明治の名残が感じられる。そんな中で味わう「なつかしのナポリタン」（サラダ・コーヒーまたは紅茶つきで780円）は格別。

Kanagawa Prefectural Museum of Cultural History

神奈川県立歴史博物館

神奈川県横浜市中区

神奈川県立歴史博物館の旧館は、明治37年に横浜正金銀行本店として建てられたもの。足を踏み入れると、西洋文化が花開いた頃の横浜にタイムスリップしたような気分になる。「喫茶ともしび」は、銀行時代に書記課の部屋があったとされる場所にあり、歴史的建物に違和感なく溶け込んでいる。

メニューにはノスタルジーを感じさせる喫茶店らしい品が並ぶが、ぜひ食べてほしいのが、店で手づくりした寒天を

café

喫茶ともしび

旧館回廊の横に設けられた扉の向こうに、「喫茶ともしび」がある。インテリアはダークウッドの落ち着いた色で統一され、明治の建物にしっくりとなじむ。足を踏み入れると、フレンドリーなスタッフが笑顔で迎えてくれる。

天井の大きく丸い照明が印象的な店内。テーブルの上に置かれた帆船の模型は1年間かけて制作されたもので、いかにも横浜らしい。店内では、お土産用の手づくりクッキーなども販売している。

自家製寒天をたっぷり使った「クリームあんみつ」(680円)。小豆の味わいがギュッと濃縮された餡と、濃厚なバニラアイスクリームのバランスがよく、しみじみおいしい。箸休めに添えられた昆布の胡麻和えも気が利いている。

使ったクリームあんみつ。優しい甘さでほっとできる。食事もナポリタン、カレーライス、ハヤシライス、サンドイッチと、喫茶店らしいメニューが楽しめる。いずれも、どこか懐かしく安心感のある味だ。人気メニューの手羽元カレーやミネストローネは、家庭でも楽しめるよう、レトルトにして販売しているので、お土産に買っていくのもいい。なお、この店は社会福祉法人県央福祉会が経営しており、福祉施設で制作した陶器・袋物・石けんなども販売を予定している。

喫茶ともしび きっさともしび

神奈川県横浜市中区南仲通5−60
(神奈川県立歴史博物館内)
☎045−212−1656(カフェ直通)
営業時間 9:30〜17:00(ラストオーダー16:45)
休業日 月曜日(祝日の場合は除く)、12月28日〜1月4日、資料整理日、博物館休館日に準ずる
★喫茶のみの利用可

右／こちらの馬車道口を、銀行時代は正面入口として利用していた。入口のアーチの左右に、2本ずつ、古代ギリシャの建築様式を踏襲した付柱がある。柱の先にはアカンサス（アザミの一種）の葉を図案化した西洋伝統の装飾が施される。

下／馬車道口から入ると、ドームと同じ八角形のステンドグラスに出迎えられる。写真中央に見える通路をぐるりと回ると、展示に関連する書籍を閲覧できる図書室やカフェ、ミュージアムショップ、そして受付にたどりつく。

museum

Kanagawa Prefectural Museum of Cultural History

重要文化財に指定されるクラッシックな建物で、神奈川県の歴史を学ぶ

横浜が開港した当時、馬車が行き交っていたことから名づけられたという馬車道にある、神奈川県立歴史博物館。その建物は、大正時代に世界三大為替銀行のひとつといわれた、横浜正金銀行本店として、１９０４年に建てられたもので、現在は国の重要文化財に指定されている。

設計したのは、大蔵省をはじめ、多くの官公庁の建物を手がけた明治時代の建築家・妻木頼黄。石の外壁をともなった、地下１階、地上３階建てのレンガづくりの建物は重量感たっぷり。装飾が施された付柱やドーム下の破風も美しい。戦後まで銀行として使われていたが、１９６７年に、関東大震災で焼け落ちた八角形のドームを復元し、新館部分を増築して神奈川県立博物館として開館、１９９５年から神奈川県立歴史博物館にリニューアルした。館内では、豊富な資料をもとに、旧石器時代から第二次世界大戦後までの神奈川の歴史が紹介され、特別展も年４回程度、開催される。

上／常設展示室の一角。奥に、ペリー提督４種の肖像画が描かれる。床には1720年の古い世界地図がプリントされ、世界から見た日本を客観的に捉えられるようになっている。左右には明治時代に盛んだった、真葛焼の焼きものが展示されている。

左／開港前後の横浜が紹介される展示室には、黒船の1/50スケールの模型が並ぶ。「黒船」は、ペリーが乗っていた船そのものだけではなく、異国船全般を指す言葉だった。武装して煙をもうもうと吐き出す蒸気船は、日本人に大きな衝撃を与えた。

神奈川県立歴史博物館

神奈川県横浜市中区南仲通5−60　☎045−201−0926

http://ch.kanagawa-museum.jp/

営業時間　9:30〜17:00（入館は16:30まで）

休館日　月曜日（祝日の場合は除く）、12月28日〜1月4日、資料整理日

料金　20歳以上300円、学生・20歳未満200円、高校生・65歳以上100円、中学生以下・障害者手帳をお持ちの方は無料、特別展は別料金

美術館脇の坂を上がった先にある「開化亭」（美術館5階からの連絡通路あり）。奥まった場所にあり食事処のみの利用もできる。

OKADA MUSEUM OF ART

岡田美術館

神奈川県足柄下郡箱根町小涌谷

箱根小涌谷に位置する岡田美術館の敷地内にある「開化亭」は、昭和初期に建てられた日本家屋を改築した食事処。明治期にかつてこの地にあったという欧米人向けホテル「開化亭」から名づけられた。建築当時の雰囲気を残すため、趣きある古いガラス戸は今もそのまま使われている。

掘りごたつ式のカウンター席や店の奥にある座敷席から望めるのは、四季折々の景色を見せる日本庭園。目前に広い緑

数量限定の「名物豆アジ天うどん（温）」。サクサクの豆アジの天ぷらがのり、小鉢・温泉卵つきで2,200円。

靴を脱いであがる情緒ある食事処には、掘りごたつ式のカウンター席や座敷席がある。

restaurant

開化亭

かいかてい

四季を彩る日本庭園を望む日本家屋を使った食事処

側、鯉が回遊する池、秋には紅葉で染まる木立が広がり、情緒たっぷりだ。

ここでは、数量限定の弁当やうどん、甘味などを味わえ、鑑賞前の腹ごしらえや鑑賞後の一服にぴったり。

また岡田美術館に来たなら、100％源泉かけ流しの「足湯カフェ」も楽しみたい。足湯につかりながら、コーヒーや煎茶、ソフトクリームやお汁粉、和パフェなどのスイーツを味わえ、箱根ならではの癒しの時間を過ごせる。美術館入館者は入湯料が無料なのもうれしい。

大壁画《風・刻》の前にある足湯カフェ。利用時間は9：00 ～ 17：00、足湯のみの入湯料金は500円。

開化亭 かいかてい

神奈川県足柄下郡箱根町小涌谷493－1（岡田美術館内）

☎0460－87－3931

営業時間　11:00～17:00（喫茶のみの利用は14:00～）

休業日　12月31日、1月1日、展示替えによる臨時休業あり

★「開化亭」、「足湯カフェ」のみの利用可

俵屋宗達の国宝《風神雷神図屏風》を創造的に表現した、福井江太郎の《風・刻》。この作品は、《風神雷神図屏風》に刻まれた約 400 年に及ぶ時の流れまでもが描き込まれている。

箱根の温泉地に堂々と建つ
日本と東洋の美の殿堂

　建物正面で来館者を迎えるのは、日本画家・福井江《こう》太郎《たろう》による風神雷神図が描かれた縦12m×横30mの大壁画《風・刻《とき》》。640枚もの金地パネルに躍動する、神々の豪華絢爛さに圧倒される。

　全5階から成る建物の延べ床面積は約7千7百㎡、展示面積だけでも約5千㎡に及ぶ。岡田美術館の珍しい点は入口に空港と同じようなX線検査機があること。通常、美術館にいる監視員が展示室にほぼ皆無なので、鑑賞者は静寂な展示室で作品とゆっくり向き合うことができる。

　展示室は照明を落とした紺を基調とした落ち着いた空間。各フロアごとに自動ドアの先にあらたな展示室があり、やわらかな照明が当たった作品や金屏風が展示室に浮かび上がる。

桃山・江戸時代から現代までの作品を中心とした、
3階の「金屏風」のフロア。

museum

OKADA MUSEUM OF ART

美術館に隣接する庭園も約1万5千㎡もの広さを誇る。庭園は自然林、滝や池など、自然の地形を生かして設計されており、新緑や紅葉など四季折々の景色が楽しめる。30～40分ほどかけてゆっくりと庭園散策をするのもよいだろう。

自然を生かした庭園の入園料は300円。アップダウンがあるので、歩きやすい靴で訪れるのがおすすめだ。

琳派の作品を中心とした膨大な名品を収蔵する

上／伊藤若冲《孔雀鳳凰図》江戸時代 宝暦5年（1755）頃　岡田美術館蔵
若冲生誕300年にあたる2015年、82年ぶりに再発見された作品。緻密な描写が美しい。

左／横山大観《霊峰一文字》（部分）
大正15年（1926）　岡田美術館蔵
約9mにも及ぶ長大な画面に、水墨に金彩を施した霊峰富士の雄姿を描いた大観の力作。

江戸時代の琳派の絵師・尾形光琳の《雪松群禽図屏風《せっしょうぐんきんずびょうぶ》》から始まったという岡田美術館のコレクション。その後、中国の青銅器、日本・中国・韓国の焼き物や漆、日本の絵画を中心に、さまざまな美術品が収蔵品として加わった。

コレクションを代表する作品のひとつが、江戸時代の浮世絵師・喜多川歌麿が晩年描いたとされる肉筆浮世絵《深川の雪》。60年以上消息不明で2012年にようやく再発見された、幻の浮世絵だ。ほかにも、重要文化財指定の渡辺崋山《かざん》の《虫魚帖《ちゅうぎょじょう》》を筆頭に、俵屋宗達《たわらやそうたつ》、酒井抱《ほう》一《いっ》、神坂雪佳《かみさかせっか》などの琳派、伊藤若冲《じゃくちゅう》や池大雅《いけのたいが》などの江戸時代の画家、横山大観や菱田春草《ひしだしゅんそう》、速水御舟《ぎょしゅう》などの日本の近代絵画から、縄文土器、仏像、中国の古代や韓国の作品まで多岐に渡る。

常設展では定期的に展示替えを行いながら約450点の作品が展示され、特別展も随時開催される。作品鑑賞と開化亭、足湯、庭園散策などに半日あてる予定でじっくり滞在したい。

上／喜多川歌麿《深川の雪》江戸時代 享和２～文化３年（1802 ～ 1806）頃 岡田美術館蔵
縦２m、横3.5 mにも及ぶ肉筆浮世絵。《品川の月》《吉原の花》とともに歌麿「雪月花」三部作のひとつ。

左／尾形乾山《色絵竜田川文透彫反鉢》江戸時代　重要文化財　岡田美術館蔵
尾形光琳の弟である乾山による、赤、黄、緑の葉がそよぐ様子を表した透かし入りの鉢。

museum

OKADA MUSEUM OF ART

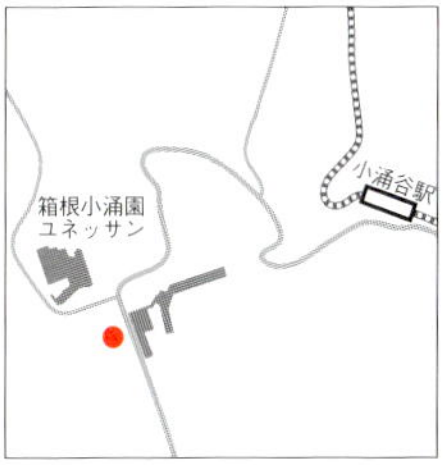

岡田美術館

神奈川県足柄下郡箱根町小涌谷493−1　☎0460−87−3931
http://www.okada-museum.com/
営業時間　9:00～17:00（入館は閉館30分前まで）
休館日　12月31日、1月1日、展示替えによる臨時休館あり
料金　一般2,800円、小学生･中学生･高校生1,800円
足湯入湯料500円（美術館利用者は無料）

Kobayashi Museum of Art

小林美術館

大阪府高石市羽衣

松林の広がる大阪最古の浜寺公園にほど近い場所に立地する、小林美術館のカフェ「羽衣珈琲」。このカフェは、国道沿いにありながらとても静かな時間が流れている。

カフェの窓からは、こぢんまりとした日本庭園が楽しめる。庭を眺めてくつろぎながら、ふと目を転じると、その先には所蔵作品をモチーフにした商品を販売するスペースがある。騒がしすぎず、かと言って静かすぎて緊張することもなく、

ぜひ味わいたいのが、泉州名物「くるみ餅」。白玉団子を大豆餡がやさしく包む。包む（くるむ）ことから「くるみ餅」と呼ばれる地元の銘菓だ。写真は「くるみ餅」と抹茶のセット 800 円。

café

羽衣珈琲

はごろもこーひー

静かな時間が楽しめる シンプルで端正なカフェ

まったりとひと休みできる。

美術館の開館と同時にカフェはオープンし、12時まではモーニングも提供される。午前中に訪れて、ゆったりとブランチを楽しむのもよい。トースト２８０円、ホットケーキ４００円にプラス２００円でコーヒーまたは紅茶がつけられる。

利休ゆかりの地にも近く、明治以降に開発された住宅街が広がる羽衣の地。そこでゆったりティータイムを楽しむことができるのがこのカフェだ。

自慢のコーヒーやスイーツのほか、オムライス、ピザ、季節のメニューがある。喫茶利用だけに訪れる地元の人も多い。手づくりクッキーも人気が高く、折箱の帯には季節ごとに所蔵する絵があしらわれる。

美術館1階の「羽衣珈琲」。ガラスの向こうには小さな和風庭園がある。やわらかく明るい自然光に包まれるカフェは、各テーブルが適度な距離を保ち、一人から少人数のグループまで利用できる。

羽衣珈琲 はごろもこーひー

大阪府高石市羽衣2−2−30（小林美術館内）

☎072−262−2600

営業時間　10:00〜17:00（ラストオーダー16:30）

休業日　月曜日（祝休日の場合は翌日休業）、年末年始

★カフェのみの利用可

近代日本画を中心とする約３５０点のコレクション

右／上村松園《桜桃》 女性として初めて文化勲章を受章した松園の清楚な美人画。松園は気品あふれる美人画を描くことを生涯の仕事とした。上村家は松園、長男・松篁、孫の淳之と三代にわたる画家を世に出した。

下／横山大観《霊峰》 富士山に清き心を託した大観の一点。霊峰（富士）は白く輝き、辺りにその光を放つ。大観にとって、富士とは日本の心そのものであった。数多い大観の富士の中でも静けさに包まれた一作。

museum

Kobayashi Museum of Art

塗料会社を経営する小林英樹館長が、日本画に使われる絵の具から絵に興味を持ち始め、収集したコレクションを公開するのが小林美術館だ。万葉の時代から「高師の浜」と呼ばれ、今も美しい松林の残る浜寺公園の隣に、２０１６年６月にオープンした。

「文化勲章の栄誉を受けた日本画家全員の作品を収集する」という館長の理念のもと、竹内栖鳳、東山魁夷、平山郁夫など、文化勲章受章作家39人の個性あふれる日本画と、近代日本画を中心に約３５０点のコレクションを所蔵。美人画の名品も多く、現在活躍中の画家の作品を積極的に展示しているのも特徴のひとつだ。

文化勲章受章者、美人画、現役作家。ほかに藤田嗣治、梅原龍三郎らの洋画と彫刻もある。作品を鑑賞して、カフェでくつろいだ後は浜寺公園を散策するのもおすすめだ。

上／竹内栖鳳《富嶽》「東の大観、西の栖鳳」と謳われ、大観と同時に初の文化勲章を受けた栖鳳。栖鳳は京都画壇において多くの弟子たちを育てた。四条派から西洋画まで多くを吸収した作風は今も人気が高い。

右／学芸員による解説も定期的に開催される。小林美術館は、JR 東羽衣駅、南海羽衣駅から徒歩 5 分。辰野金吾設計の登録有形文化財・浜寺公園駅へは美術館から徒歩 7 分。美術館の隣には、明治の昔から総合公園として愛される浜寺公園がある。

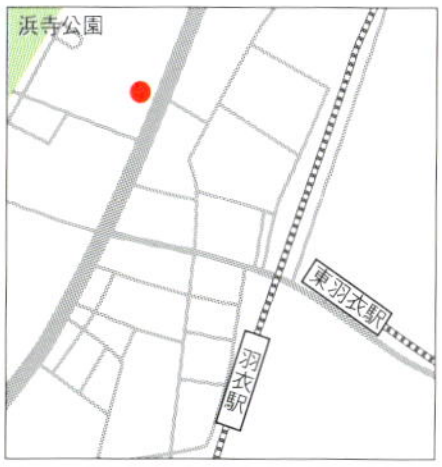

小林美術館

大阪府高石市羽衣2-2-30　☎072-262-2600
http://kobayashi-bijutsu.com/
営業時間　10:00～17:00(入館は閉館30分前まで)
休館日　月曜日(祝日の場合は翌日休館)、
年末年始、展示替え期間
料金　大人1,000円、高校・大学生 600円、小学・中学生 300円

絵本と滋味豊かな食事で体も心もほっこり

ちひろが大好きだったという「新宿すずや」のいちごババロアを再現した「いちごのババロア」500円(税別)。

Chihiro Art Museum

ちひろ美術館・東京

東京都練馬区下石神井

展示作品を鑑賞後、絵本を読みながらゆったりとした時間を過ごせる「絵本カフェ」。庭に面した大きな窓から太陽の光がさんさんと差し込み、ウッディーな店内と庭が一体化したような気持ちよさだ。テラス席なら、ピクニック気分でティータイムを楽しむこともできる。

子どもたちに「人生で初めて訪れる美術館」として楽しんでもらうことをコンセプトとした美術館なだけに、併設のカフェは子どもも大人も安心して食べられ

café

絵本カフェ《えほんかふぇ》

上／「絵本カフェ」は子ども連れでも安心して利用できる気持ちのよいカフェだ。晴れた日には、テラス席で庭の緑を眺めながらお茶を楽しむのもよいだろう。撮影：嶋本麻利沙

右／木のぬくもりを感じる店内の様子。壁には、ちひろの作品がかかる。絵本の本棚もあり、好きな絵本を読みながらティータイムを楽しめる。
撮影：大槻志穂

下／食材には子どもも大人も安心して食べられる、オーガニックや無添加のものを使っている。写真は、「五目炊き込みご飯」600円（税別）。

る、オーガニック素材や無添加の材料を採用。キッズドリンクや子ども用の取り分け皿も用意されているから、小さな子どもがいても利用できる。

セルフサービスのカフェだが、供されるメニューはどれも丁寧につくられ、素材のうまみを大切にした優しい味わいのものばかり。中でも、ちひろが大好きだった「新宿すずや」のいちごババロアを再現した「いちごのババロア」は、ぜひ食べておきたい一品だ。

絵本カフェ

東京都練馬区下石神井4-7-2
（ちひろ美術館・東京内）
☎03-3995-0612
営業時間　10:30〜17:00（ラストオーダー16:30）
ランチ11:00〜15:00
休業日　月曜日（祝日の場合は翌日休業）、年末年始、冬季休業・臨時休業あり、美術館休館日に準ずる
★利用するには美術館の入館料が必要

いわさきちひろ《チューリップのある少女像》1973年。水彩絵の具のにじみだけでチューリップの丸みを帯びた形、花びらの境目まで見事に表現している。一方で少女は線を主体に描いている。ちひろの作品は輪郭線のないふわっとした描き方のイメージが強いが、このような線描にも魅力がある。

大人も子どもも楽しめる世界初の絵本美術館

母親として子育てをしながら、生涯、絵を描き続けた画家・いわさきちひろ。彼女の死後、原画を見られる場所がほしいというファンの要望に応え、ちひろ美術館は１９７７年に誕生した。

約９５００点のちひろの作品だけでなく、絵本画家の地位向上を訴えたちひろの意思を継ぎ34の国と地域、２０７名の絵本画家の作品を１８０００点近く収蔵。絵本が美術のジャンルとして認められなかった時代から、世界初の絵本美術館と

museum

Chihiro Art Museum

いわさきちひろ《わらびを持つ少女》1972年。『あかまんまとうげ』という絵本の表紙を飾った作品。母親が下の子を出産するため、祖母の家に預けられた少女の繊細な気持ちを描いている。寂しげだけれども、確固とした意思をもって、じっとこちらを見る強い表情が印象的だ。

いわさきちひろ《バラにかくれる子ども》1972年。バラの陰から、子ども2人がこちらの様子を窺っている。ちひろは、生後10か月と1か月の子どもをモデルなしに描き分けられたという。若い頃に洋画家の元で本格的にデッサンを勉強し、基礎を習得したからこそできたのだろう。

して活動を続けてきた。

　現在の建物は内藤廣の設計で２００２年に建て替えられたもの。床板にナラの古材を用いたり、コンクリート打ちっぱなしに見える部分に杉の板目模様を施したり、温かみが感じられるよう工夫されている。また、子どもが生まれて初めて訪れる「ファーストミュージアム」を標榜し、展示する位置を低めにしたり、授乳室や図書室、子どもがおもちゃで遊べる「こどものへや」なども完備。館内には子どもの笑い声が絶えない。

4つの棟をガラス張りの廊下で結ぶ迷路のような建物。これは、建て替え前に増改築を繰り返して複雑な形になっていた初代美術館の構造を踏襲している。美術館の手前には大きなケヤキの木が立ち、ミュージアムショップや展示室からも目に入る。撮影：中川敦玲

ミュージアムショップには、絵本はもちろん、ポストカードやマスキングテープ、食器などのグッズも充実している。写真はちひろの絵をプリントしたおりがみ。

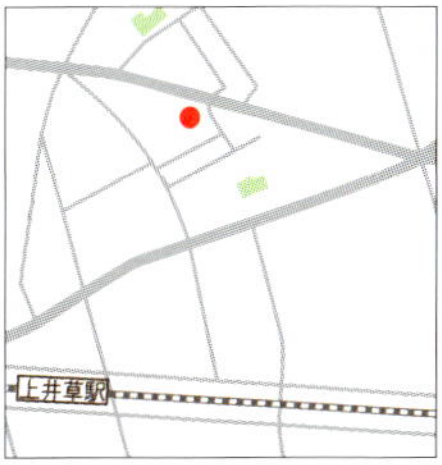

ちひろ美術館・東京

東京都練馬区下石神井4-7-2
☎03-3995-0612
https://chihiro.jp/tokyo/
営業時間　10:00〜17:00(入館は閉館の30分前まで)
休館日　月曜日(祝日の場合は翌日休館)、年末年始、展示替え期間、冬期休館あり
料金　大人800円、65歳以上700円、高校生以下は無料

ゴッホの世界にひたれるオープンフロアのカフェテリア

ゴッホの世界が体験できる、記念撮影コーナー「アルルのゴッホの部屋」。

Otsuka Museum of Art

大塚国際美術館

徳島県鳴門市鳴門町

広大な館内に3つあるカフェ、レストランのうち、インフォメーションやミュージアムショップがある地下3階にある「Café Vincent」。2018年に開館20周年を迎えた美術館の記念事業の一環として、同年3月にオープンした。

誰もが知っているフィンセント・ファン・ゴッホのファーストネームから名づけられたこのカフェ。ゴッホの故郷であるオランダや、画家として過ごしたフラ

café

Café Vincent

カフェ フィンセント

黄色がアクセントカラーになっているカフェ。右外は《夜のカフェテラス》をイメージしたテラス風の席。

野菜たっぷりの「ヒマワリサラダと季節野菜のスープ（パンつき）」1,200円。

徳島県産の野菜や果物を使った「グリーンスムージー」「イエロースムージー」各600円。

ンスをテーマにしており、名画《ヒマワリ》や《夜のカフェテラス》で使われた黄色や青の内装が印象的だ。

　ファンにとってたまらないのが、カフェの一角にある《アルルのゴッホの部屋》に描かれた自室を再現したコーナー。青い壁、赤いベッドカバー、木の家具などが立体となってリアルにつくりこまれ、平面で表現された絵画の世界が目の前に現れる。このカフェは、オランダやフランスにちなんだフードメニューやドリンクも充実している。

Café Vincent カフェ フィンセント

徳島県鳴門市鳴門町土佐泊浦字福池65-1
（大塚国際美術館内）
☎088-687-3737
営業時間　10:00～16:45
（**ラストオーダー**:フード16:15、ドリンク16:30）
休業日　月曜日（祝日の場合は翌日休業）、
1月は連続休業あり、8月は無休、特別休業の場合あり、
美術館休館日に準ずる
★利用するには美術館の入館料が必要

図録やオリジナルグッズのほか、徳島土産も揃うミュージアムショップ。

言葉遊びから誕生した「フィンセントのビンセンセット」。かわいいイラストとデザインが楽しい便せんセットだ。

大塚国際美術館限定のオリジナルミニ陶板も人気。お気に入りを見つけて家に飾りたい。

museum

Otsuka Museum of Art

左／原寸大で再現されたヴァティカンのシスティーナ礼拝堂の天井画と壁画。ルネサンスの巨匠・ミケランジェロによる最高傑作のひとつ。約700人の人々がひしめくように描かれた迫力ある空間に圧倒される。

右／地下１階の近代展示コーナーにある「7つのヒマワリ」の展示。陶板とはいえ7点が一室に集結するのは世界初の試みだ。

下／ヒマワリの画家とも呼ばれるフィンセント・ファン・ゴッホの《ヒマワリ》の連作のうちの一点。かつて日本にありながらも、戦禍で焼失した作品を再現したものだ。

原寸大で忠実に再現された世界の名画千余点が並ぶ

museum

Otsuka Museum of Art

　大塚国際美術館は、うず潮で知られる鳴門にある、世界でも類を見ない陶板名画の美術館だ。陶板名画とは、陶器の大きな板に原画の大きさや色などを忠実に再現したもの。つまり原画そっくりにつくられたレプリカだ。複製とはいえ、絵のサイズ、筆のタッチ、絵の具の盛り上がりなどがリアルに再現され、まるでオリジナルのような迫力を感じさせる。

　圧倒されるのがその展示数。古代壁画から中世、ルネサンス、バロック、印象派、ピカソの《ゲルニカ》やアンディ・ウォーホルなどの現代アートまで世界26か国、１９０か所もの美術館にある千点を超える名画が陶板となって集結している。本来なら並ぶはずのない作品が一堂に会していたり、修復前後のものが比較鑑賞できたりと、この美術館ならではの体験ができる。現地の雰囲気そのままの原寸大の礼拝堂や聖堂の壁画、祭壇画も圧巻。鑑賞ルートが全長約4㎞にもなる広大な美術館なので、半日以上かけてじっくり見るのがおすすめだ。

上／損傷の激しかったレオナルド・ダ・ヴィンチの《最後の晩餐》。修復前と修復後を向かい合わせで展示しているので、修正の成果を見比べることができる。

右／北イタリアにある「スクロヴェーニ礼拝堂」。美しい青と、ジョットが描いた壁画に圧倒される。

下／大塚国際美術館には、誰もが教科書で見たことのある名画がずらりと並ぶ。イヤホンガイドやガイドツアーもあり、展示作品はすべて撮影可（フラッシュは不可）。

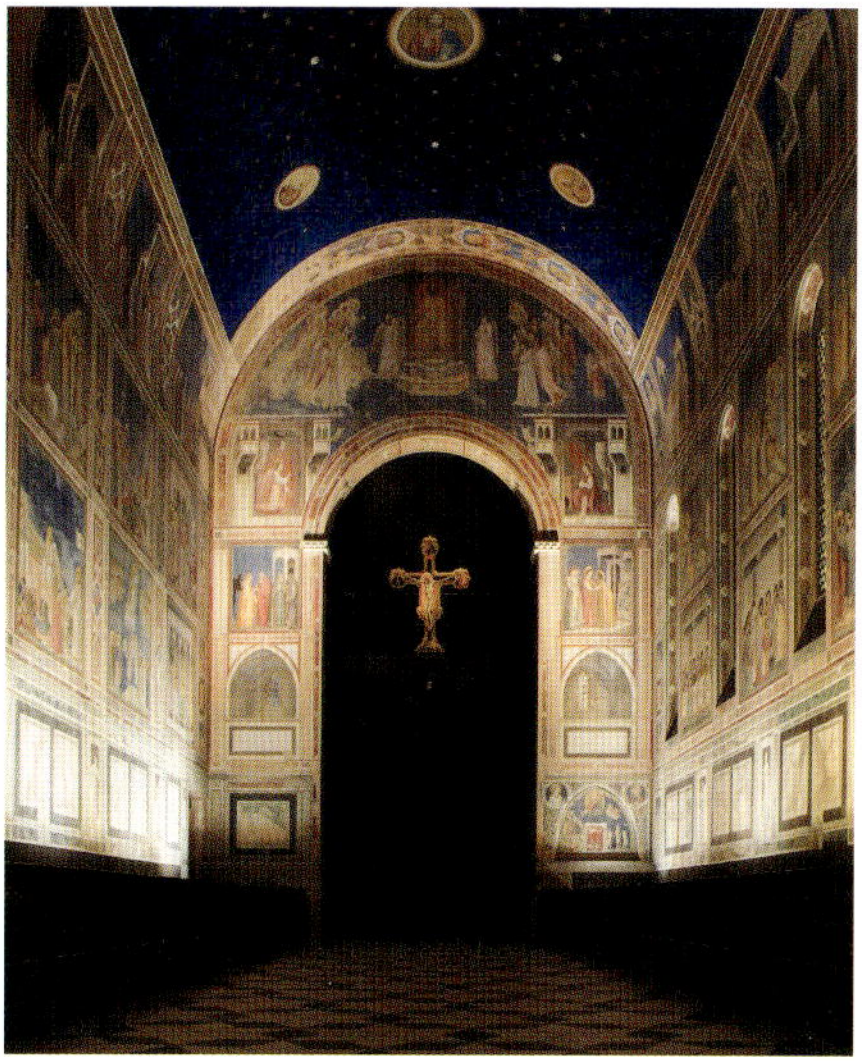

大塚国際美術館

徳島県鳴門市鳴門町土佐泊浦字福池65−1　☎088−687−3737
http://o-museum.or.jp/
営業時間　9:30〜17:00（入館券の販売は16:00まで）
休館日　月曜日（祝日の場合は翌日休館）、1月は連続休館あり、8月は無休、特別休館の場合あり
料金　一般3,240円、大学生2,160円、小中高生540円

※作品の写真は大塚国際美術館の展示作品を撮影したものです。

＼まだまだある！／

美術館カフェ

アンティークのカップで優雅なティータイム

特注焙煎のコーヒーをマイセンカップで楽しめるカフェ。さらに、マイセン、リモージュ、ドレスデンなど名窯、古窯のアンティークカップを選ぶこともできる（ケニア紅茶でも可）。

ウッドワン美術館
cafe Meissen カフェ・マイセン
広島県廿日市市吉和4278
（広島ウッドワン美術館隣り）☎0829－40－3001
冬期休館あり

陶芸作家の茶碗で薄茶をいただく

「陶翠庵」は愛知県陶磁美術館にある本格的な茶室（写真は茶室入口）。椅子席があり、落ち着いた雰囲気の中、瀬戸・常滑・美濃などの陶芸作家の茶碗で薄茶をいただける。

愛知県陶磁美術館
陶翠庵 とうすいあん
愛知県瀬戸市南山口町234番地（愛知県陶磁美術館内）
☎0561－84－7474

コーヒーの香り漂う緑豊かな正統派喫茶室

町田市立国際版画美術館にある「喫茶けやき」は、障がい者が働く場として営まれる正統派喫茶室。コーヒーは軽井沢の老舗珈琲店「ミカド」製。企画展メニューも楽しいカフェだ。

町田市立国際版画美術館
喫茶けやき
東京都町田市原町田4－28－1（町田市立国際版画美術館内）☎042－728－8062（カフェ直通）

元ショーウインドウの店内でコーヒーブレイク

デパートの建物を美術館として生まれ変わらせたアーツ前橋。地上階のガラス張りのスペースにあるカフェでは、自家焙煎コーヒーとパティシエのつくるスイーツが味わえる。

アーツ前橋
ROBSON《ロブソン》 COFFEE《コーヒー》 アーツ前橋店
群馬県前橋市千代田町5－1－16（アーツ前橋内）
☎027－233－3005（カフェ直通）

掲載美術館&カフェ・レストランData

museum					café		
美術館名	駅から徒歩10分圏内	休館日	夜間開館あり	系統	カフェ・レストラン名	定休日	カフェだけの入店可
茨城県天心記念五浦美術館	×	月曜日、年末年始など。	×	日本美術	Cafeteria Camellia（カフェテリア カメリア）	月曜日、年末年始など。	○
島根県立美術館	×	火曜日、年末年始など。	×	日本美術、西洋絵画	Ristorante Vecchio Rosso（リストランテ ヴェェッキオロッソ）	火曜日、年末年始など。	○
長崎県美術館	×	第2・第4月曜日、年末年始など。	毎日20:00まで。	スペイン美術	長崎県美術館カフェ	第2・第4月曜日、年末年始など。	○
DIC川村記念美術館	×	月曜日、年末年始、展示替え期間など。	×	西洋絵画	レストラン ベルヴェデーレ	月曜日、年末年始、展示替え期間など。	○
ハーモ美術館	×	無休（展示替え期間等の臨時休館あり）。	×	西洋絵画	Le Café d'Harmonie（ル・カフェ・ダルモーニー）	無休（展示替え期間等の臨時休業あり）。	○
群馬県立館林美術館	×	月曜日、展示替え期間、年末年始など。	×	西洋美術、現代美術	レストラン IL CORNETTO（イル・コルネット）	月曜日、展示替え期間、年末年始など。	○
佐久島	×	年中無休。	—	現代美術	カフェ百一	火曜日（臨時休業あり）。	○
クレマチスの丘	×	水曜日、年末年始など。	×	西洋美術、写真	Gardener's House（ガーデナーズ ハウス）	水曜日、雨天の日、年末年始など。	×
モエレ沼公園	×	無休（ただし園内各施設は休業日あり）。	毎日22:00まで。	現代美術	レストラン L' enfant qui rêve（ランファン・キ・レーヴ）	4～10月は毎週月曜日。11～12月は冬期営業として土日祝日のみ営業。1～3月は冬期休業。	○
十和田市現代美術館	×	月曜日、年末年始など。	×	現代美術	cube cafe&shop（キューブ カフェアンドショップ）	月曜日、年末年始など。	○
東京都庭園美術館	○	第2・第4水曜日、展示替え期間、年末年始など。	×	西洋美術	café TEIEN（カフェ庭園）	第2・第4水曜日、展示替え期間、年末年始など。	×
					Restaurant du Parc（レストラン デュ パルク）	第2・第4水曜日、年末年始など。	○
宇都宮美術館	×	月曜日、祝日の翌日、年末年始など。	×	西洋絵画	joie de sens（ジョワ・デ・サンス）	月曜日、祝日の翌日、年末年始など。	○
MOA美術館	×	木曜日、展示替え期間など。	×	日本美術	Café Restaurant "Au Mirador"（カフェ レストラン オー・ミラドー）	木曜日、展示替え期間、年末年始など。	×
海の見える杜美術館	×	月曜日、展示替え期間など。	×	日本美術	SEIHO OMBRAGE.（セイホウ・オンブラージュ）	月曜日・火曜日（隔週）。	○
東京都美術館	○	第1・第3月曜日、年末年始など（整備休館あり）。	特別展開催中の金曜日は20:00まで。	西洋美術、日本美術、現代美術	RESTAURANT salon（レストラン サロン）	第1・第3月曜日、年末年始など（美術館休館日に準ずる）。	○
					RESTAURANT MUSE（レストラン ミューズ）	第1・第3月曜日、年末年始など（美術館休館日に準ずる）。	○
					cafe Art（カフェ アート）	第1・第3月曜日、年末年始など（美術館休館日に準ずる）。	○
サントリー美術館	○	火曜日、展示替え期間、年末年始など。	金・土曜日は20:00まで。	日本美術	shop×cafe Cafe Produced by 加賀麸 不室屋	展示替え期間中の火曜日、年末年始など。	○
弥生美術館・竹久夢二美術館	○	月曜日、展示替え期間、年末年始など。	×	日本美術	夢二カフェ 港や	月曜日、展示替え期間、年末年始など。	○
神奈川県立歴史博物館	○	月曜日、年末年始、資料整理日など。	×	歴史、美術工芸	喫茶ともしび	月曜日、年末年始、資料整理日など。	○
岡田美術館	×	12月31日、1月1日、展示替え期間など。	×	日本・東洋美術	開化亭（かいかてい）	12月31日、1月1日、展示替え期間など。	○
小林美術館	○	月曜日、年末年始、展示替え期間など。	×	日本美術	羽衣珈琲（はごろもこーひー）	月曜日、年末年始など。	○
ちひろ美術館・東京	○	月曜日、年末年始、展示替え期間など（冬期休館あり）。	×	絵本	絵本カフェ	月曜日、年末年始、展示替え期間など（冬期休館あり）。	×
大塚国際美術館	×	月曜日、1月は連続休館あり、8月は無休、特別休館の場合あり。	×	西洋美術	Café Vincent（カフェ フィンセント）	月曜日、1月は連続休館あり、8月は無休、特別休館の場合あり。	×

監修者

青い日記帳

展覧会ブログ「青い日記帳」管理人のＴａｋ（タケ）こと中村剛士。休みともなれば美術館・博物館へ足を運び、展覧会レビューをはじめ、幅広いアート情報を毎日発信する美術ブロガー。
これまでかかわった書籍に『いちばんやさしい美術鑑賞』（２０１８年８月、筑摩書房刊）、『フェルメール会議』（２０１８年10月、双葉社刊）、『素敵な時間を楽しむ カフェのある美術館』（２０１７年２月、世界文化社刊）、『美術展の手帖』（２０１５年３月、小学館刊）などがある。

ブログ 青い日記帳
http://bluediary2.jugem.jp/

取材・執筆
藤田麻希
塩見有紀子
東裕美
杉﨑行恭
植村貴子
中村剛士

撮影
杉﨑行恭

ブックデザイン
阿部美樹子

編集
四方川めぐみ（株式会社オメガ社）
中野俊一（株式会社世界文化社）

カフェのある美術館
感動の余韻を味わう

発行日 ２０１８年12月25日 初版第1刷発行

監修
青い日記帳

発行者
笠原 久

発行
株式会社世界文化社
〒１０２-８１８７ 東京都千代田区九段北４-２-29
電話 ０３-３２６２-５１２４（編集部）
電話 ０３-３２６２-５１１５（販売部）

印刷・製本
株式会社リーブルテック

ISBN978-4-418-18257-2